Rheinisch-Westfälische Akademie der Wissenschaften

Geisteswissenschaften Vorträge · G 262

Herausgegeben von der
Rheinisch-Westfälischen Akademie der Wissenschaften

ARMIN KAUFMANN

Die Aufgabe des Strafrechts

Westdeutscher Verlag

243. Sitzung am 28. November 1979 in Düsseldorf

CIP-Kurztitelaufnahme der Deutschen Bibliothek

Kaufmann, Armin:
Die Aufgabe des Strafrechts / Armin Kaufmann. – Opladen: Westdeutscher Verlag, 1983.
(Vorträge / Rheinisch-Westfälische Akademie der Wissenschaften: Geisteswiss.; G 262)

NE: Rheinisch-Westfälische Akademie der Wissenschaften ›Düsseldorf‹: Vorträge / Geisteswissenschaften

Herstellung: Westdeutscher Verlag

ISSN 0172–2093

ISBN-13: 978-3-531-07262-3 e-ISBN-13: 978-3-322-88227-1
DOI: 10.1007/978-3-322-88227-1

Lassen Sie mich mit einer Definition beginnen: Poena est malum passionis, quod infligitur ob malum actionis.[1] Dieser Satz des HUGO DE GROOT, schon 1625 inhaltlich nicht neu, umgreift bis heute alles, was als Strafe und als Strafrecht gedacht worden ist.[2]

Das Schlechte der Handlung, der Aktunwert, und die Werte, deren Verletzung das negative Urteil über menschliches Handeln trägt, werden in dieser Definition vorausgesetzt. Auch die folgenden Ausführungen stellen nicht die axiologische Frage nach dem *richtigen Inhalt* des Rechts, nach dem Recht-Sein überhaupt und nach dem Geltungsgrund der Normen, deren Übertretung das Strafrecht mit Strafe belegt.[3] Insoweit ist das Strafrecht so gelungen und so dubios, so „konservativ“, so „progressiv“ und so „revolutionär“, wie die Gebote und Verbote es sind, die es sanktioniert.[4]

Ich füge eine These hinzu: Aufgabe des Strafrechts ist der Schutz der Rechtsgüter des Bürgers und der Gemeinschaft. Rechtsgüter, das sind Leben, Gesundheit, Freiheit, Vermögen, die Existenz des Staates, die Rechtspflege usw. Seit KARL BINDING die Lehre vom Rechtsgut entfaltet hat, FRANZ V. LISZT diesen Begriff übernommen und verbreitet hat, ist er allgemein eingebürgert. Seither – also seit etwa einhundert Jahren – wird auch in der Strafrechtswissenschaft der Satz nicht ernsthaft bestritten, daß Rechtsgüterschutz die Aufgabe des Strafrechts ist. Die Strafrechtspflege ist damit wesentlicher Teil der *Friedenssicherung* als der allgemeinen Aufgabe des Staates.

1 GROTIUS, De iure belli ac pacis, Paris 1625, Lib. II, Cap. XX.

2 Zum Folgenden insbes. auch ROXIN, Sinn und Grenzen staatlicher Strafe, JuS 1966, 377ff; SCHMIDHÄUSER, Vom Sinn der Strafe, 2. Aufl., Göttingen 1971, und neuestens H.-L. SCHREIBER, Widersprüche und Brüche in heutigen Strafkonzeptionen, ZStW 94, 279ff.

3 Siehe dazu ARMIN KAUFMANN, Probleme rechtswissenschaftlichen Erkennens am Beispiel des Strafrechts. In: Wissenschaft und Verantwortung (Universitätstage Berlin 1962), S. 145ff.

4 Die sehr umfängliche und ergiebige Diskussion im Anschluß an den Vortrag konnte nur zum Teil berücksichtigt werden. – ULRICH SCHEUNER vertrat die These, daß das Strafrecht *immer* politisch und sozial *konservativ* sei, weil es die *bestehende* Ordnung schütze. Das ist nur insofern richtig, als das positive Strafrecht die Positivität des Rechts, also den status quo, voraussetzt und damit schützt, ohne Rücksicht freilich auf Alter oder politische Herkunft der Inhalte der Rechtsnormen; in diesem Sinne: WOLFGANG KLUXEN, HEINZ HÜBNER, PAUL MIKAT, KLAUS STERN, ARMIN KAUFMANN.

So auch das Bundesverfassungsgericht – mit bei WELZEL entlehnten Worten –: „Allgemeine Aufgabe des Strafrechts" ist es, „die elementaren Werte des Gemeinschaftslebens zu schützen".[5] „Wenn es oberstes Ziel des Strafens" sei, „die Gesellschaft vor sozialschädlichem Verhalten zu bewahren und die elementaren Werte des Gemeinschaftslebens zu schützen", so sei doch mit dieser Kennzeichnung jede der verschiedenen „Straftheorien" vereinbar; auch der Gesetzgeber habe eine Entscheidung nicht eindeutig getroffen.

Der Gedanke des Rechtsgüterschutzes wendet sich ab von der begangenen Straftat und dem bereits verletzten Rechtsgut; für dieses käme ein Schutz durch das Strafrecht stets zu spät. Er wendet sich der Zukunft zu, dem künftigen Verhalten des Täters oder anderer. Der Gedanke ist selbstverständlich viel älter als der Begriff „Rechtsgut". Er findet sich schon bei PROTAGORAS. Dessen Auffassung wird von PLATO wiedergegeben; SENECA hat später diese Gedanken auf eine Kurzfassung gebracht, PLATO zitierend. Durch Übernahme bei GROTIUS unter fälschlicher Berufung auf PLATO ist dieser Satz berühmt geworden:[6] „Nemo prudens punit, quia peccatum est, sed ne peccetur."[7]

Sofort drängt sich die Frage auf, wie es mit der sogenannten „Vergeltungstheorie" steht, die – angeblich – in der Strafe nichts weiter sieht als Ausgleich, Sühne, Vergeltung für Unrecht und Schuld. Um die Antwort unseres höchsten Gerichts an den Anfang zu stellen: Es hält diese Auffassung für vereinbar mit der von ihm dem Strafrecht zugewiesenen allgemeinen Aufgabe, „die elementaren Werte des Gemeinschaftslebens zu schützen". Doch stellt es dem Gesetzgeber ausdrücklich frei, die Sühne – verstanden als „Schuldverarbeitung" – weiterhin für einen legitimen Strafzweck zu halten oder nicht; denn die Sühnefunktion der Strafe sei in einer Zeit, in der der Gedanke der „défense sociale" immer mehr in den Vordergrund gestellt werde, lebhaft umstritten. – Soweit das Verfassungsgericht.[8]

Es steht seltsam um den Gedanken der gerechten Vergeltung, des Ausgleichs für Unrecht und Schuld. Der deutsche Gesetzgeber hat sich in der Sache davon nie zu

[5] BVerfGE 45, 187ff (253f); vgl. WELZEL, Das Deutsche Strafrecht, 11. Aufl., Berlin 1969, S. 1.

[6] GROTIUS, a. a. O., Lib. II Cap. XX, IV 1. – Daß der *späte* PLATO ähnliche Gedanken entwickelt hat, ist eine andere Frage.

[7] Schon 1799 bemerkte FEUERBACH: „Dieser Spruch, den unsere Criminalisten so oft für ihre Theorien anführen, ist, eine so schöne Wahrheit er auch enthält, doch nur in gewisser Hinsicht wahr; so wie er in anderm Betracht ganz falsch ist. Sieht man auf die Execution der Strafe, so ist er durchaus falsch. Diese findet nicht darum statt, ne peccetur, sondern allein quia peccatum est. Versteht man ihn von der Drohung der Strafe, so ist er völlig wahr. Denn nicht um begangene Beleidigungen zu hindern (quia praeterita revocari non possunt), sondern um zukünftige unmöglich zu machen, wird das Strafgesetz gegeben." (Revision der Grundsätze und Grundbegriffe des positiven peinlichen Rechts, Erster Theil, Erfurt 1799, S. 61) – Was ist dem, 180 Jahre später, eigentlich hinzuzufügen?
Vgl. auch KANT im Anhang zur Neuauflage der „Metaphysischen Anfangsgründe der Rechtslehre"

lösen vermocht, wie fast alle Gesetzgeber des Erdkreises. Gleichwohl wird seit einhundert Jahren – und vollends heute – mit dem Wort Vergeltung eine Position weniger markiert als vielmehr gebrandmarkt. Kaum jemand scheint es heute noch zu wagen, einer Vergeltungstheorie das Wort zu reden.

Und dennoch: Blicken wir unbefangen auf das Phänomen, das mit Strafrecht, Strafrechtspflege, Vorgang der Verurteilung und der Bestrafung ungefähr bezeichnet ist, so ist eines unverkennbar: der Zusammenhang zwischen der Tat und der Reaktion auf die Tat. Es wird eine rechtswidrige *Tat* mit einer *Sanktion* verbunden, die ein Übel für den Täter enthält und gerade enthalten soll; schon die bloße *Bemakelung* durch den Urteilsspruch ist eine Übelszufügung. Wenn Worte noch einen Sinn haben, *ist* das *Vergeltung*, mag ich es auch mit anderen Begriffen bezeichnen können, wie etwa Ausgleich, Sühne oder schlicht: Reaktion. Nehmen wir hinzu, daß die Schwere der Reaktion der Höhe des Unrechts und der Schuld angemessen sein muß, so sind wir bei der *gerechten* Vergeltung. Diesen *Schuldgrundsatz* aber hat das höchste Gericht in ständiger Rechtsprechung als ein verfassungsstarkes Prinzip statuiert wie einen *rocher de bronce:* Keine Strafe ohne *Schuld;* die Strafe darf das *Maß* der Schuld nicht übersteigen.[9] Kein Wunder deshalb, daß der Ausdruck Vergeltung früher selbstverständlich war. Selbst FRANZ v. LISZT, auf den noch zurückzukommen sein wird, hatte ausdrücklich konzediert, daß die Strafe Vergeltung sei.[10] Allein aus dem Gedanken der gerechten Reaktion auf das rechtswidrige Handeln, das von dem Täter als Person zu verantworten ist, ergibt sich die sittliche *Rechtfertigung* der Strafe als eines Eingriffs in die Personsphäre des Betroffenen. Für die Rechtfertigung der Strafe, modern gesprochen für ihre Legitimation, ist der Gedanke der *gerechten Vergeltung* unentbehrlich. Nur dann, wenn die Strafe gerechter Ausgleich für verschuldetes Unrecht ist, wird der Bestrafte nicht allein als Mittel zum Zweck, zur Erhaltung der Rechtstreue anderer, benutzt. Und umgekehrt: Nur die *gerechte* Strafrechtspflege des *Schuld*strafrechts kann auf die Dauer die Aufgabe erfüllen, legale Gesinnung zu erhalten oder zu erzeugen.

(Ausgabe d. Preuß. Akademie d. Wiss., Bd. VI, S. 363, Fußnote, Hervorhebungen dort): „Die *Strafgerechtigkeit* (iustitia punitiva), da nämlich das Argument der *Strafbarkeit moralisch* ist (quia peccatum est), muß hier von der *Strafklugheit,* da es bloß *pragmatisch* ist (ne peccetur) und sich auf Erfahrung von dem gründet, was am stärksten wirkt, Verbrechen abzuhalten, unterschieden werden und hat in der Topik der Rechtsbegriffe einen ganz anderen Ort, locus iusti, nicht des conducibilis oder des *Zuträglichen* in gewisser Absicht, noch auch den des bloßen honesti, dessen Ort in der Ethik aufgesucht werden muß."

8 BVerfGE 45, 187ff (259).

9 BVerfGE 20, 323ff (331); 50, 125ff (133); 50, 205ff (214); SCHOLZ, in: MAUNZ – DÜRIG – HERZOG – SCHOLZ, Grundgesetz-Kommentar, Art. 102 Rn 1 = Anm. I 1c, München 1981; LEIBHOLZ/RINCK, Grundgesetz-Kommentar, Art. 20, Anm. 28b, 6. Aufl., Köln 1980.

10 v. LISZT, Lehrbuch, 3. Aufl., Berlin 1888, S. 25f; abschwächend 22. Aufl., Berlin 1919, S. 24.

Dies ist jedoch keine Theorie der *reinen* Vergeltung. Zu einer solchen würde man erst gelangen, wenn man das Schuldprinzip umkehrt: Nicht nur „Keine Strafe ohne Schuld“, sondern auch „Wann immer Unrecht und Schuld, dann auch Strafe“. Wer immer schuldhaft ein rechtliches Verbot oder Gebot verletzt, muß bestraft werden. In einem solchen Konzept würde in der Tat die (gerechte) Vergeltung zur *Aufgabe* des Strafrechts statt zur Legitimation der Strafe. Dies wäre eine Forderung an den Gesetzgeber, die dem Juristen völlig fremd ist. Jede Rechtsordnung kennt Verbote, deren Übertretung überhaupt nicht poenalisiert ist, weiter Verbote, bei denen nur ein qualifizierter Ausschnitt der Verbotsübertretungen unter Strafe steht, ferner Strafausschließungsgründe, nach denen trotz Unrecht und Schuld nicht bestraft wird usw. Bei uns bleibt z. B. die schlichte Besitzanmaßung straflos; und trotz vorliegender Fahrlässigkeit wird meist nur bestraft, wenn Tod oder Körperverletzung als Erfolge wirklich eingetreten sind. Erst recht bleiben die meisten *Ge*bote zum Handeln ohne Strafsanktion.

Auch in der Philosophie finde ich die gekennzeichnete Position der „reinen Vergeltung“ *nicht,* jedenfalls nicht bei KANT oder bei HEGEL, die hier ständig zitiert werden.

Was KANT angeht, so hat dieser in seinen „Metaphysischen Anfangsgründen der Rechtslehre“ 1797 keineswegs die Auffassung vertreten, daß *jede* Übertretung des öffentlichen Gesetzes eine öffentliche Strafe nach sich ziehen solle, kraft kategorischen Imperativs. Vielmehr werden ausdrücklich straf*los* gelassen die Veruntreuung und der schlichte Betrug. Auch Gnade läßt KANT in begrenztem Umfang zu, mit dem bezeichnenden Zusatz: ausgenommen, „wenn durch Unbestraftheit dem Volke selbst in Ansehung seiner Sicherheit Gefahr erwachsen könnte“.[11]

[11] Metaphysische Anfangsgründe der Rechtslehre, KANTS Schriften, Bd. VI, S. 331ff; S. 337 (Ausg. d. Preuß. Akademie d. Wiss.).

[12] Brief an ERHARD (1792), KANTS Schriften, Bd. XI, S. 398f. (Ausg. d. Preuß. Akademie d. Wiss.); Hervorhebung bei KANT.

[13] Siehe oben Note 7.

[14] Es gibt keinen Grund für die Annahme, daß KANT seine Differenzierung zwischen moralischer (göttlicher) Gerechtigkeit und menschlicher (irdischer) Zweckmäßigkeit des Strafens nach 1792 geändert haben sollte, wie WELZEL annimmt (Das Deutsche Strafrecht, 11. Aufl., Berlin 1969, S. 240). Vgl. auch KANTS handschriftlichen Nachlaß, Bd. VI, Nr. 8029: „Alle Strafe im Staat geschieht wohl zur correction und zum Exempel, aber sie muß allererst um des Verbrechens an sich selbst willen gerecht seyn, quia peccatum est. Der Verbrecher muß nicht über Unrecht klagen können.“ (KANTS Schriften, Bd. XIX, S. 596; Ausg. d. Preuß. Akademie d. Wiss.).
Auch das Inselbeispiel, das meist als Beleg für KANTS Konzept der *reinen* Vergeltung zitiert wird, besagt nichts anderes: Die Bewohner einer Insel wollen auswandern; aus welchen Gründen, bleibt bei KANT offen. Nach der Kantischen Version der Vertragstheorie sind die Auswanderer verpflichtet, sich anderen Staaten anzuschließen. Die Frage, ob die Auswanderer vor dem Verlassen der Insel den zum Tode verurteilten Mörder noch hinrichten müssen, bejaht KANT – und zwar für die „Welt, die von moralischen Prinzipien“, d. h. von Gott regiert wird – mit den berühmten Worten: „damit

Ferner sind bei KANT zwei verschiedene Denkebenen zu sondern, *zwei Welten:* „Strafen sind in einer Welt, nach moralischen Principien regirt (von Gott), categorisch nothwendig (so fern darinn Übertretungen angetroffen werden). So fern sie aber von Menschen regiert wird ist die Nothwendigkeit derselben nur hypothetisch und jene unmittelbare Verknüpfung der Begriffe von Übertretung und Strafwürdigkeit dienen den Regenten nur zur *Rechtfertigung*, nicht zur Vorschrift in ihren Verfügungen, und so kan man mit Ihnen wohl sagen: daß die poena meremoralis (die darum vielleicht vindicatiua genannt worden ist, weil sie die Göttliche Gerechtigkeit rettet) ob sie zwar der Absicht nach blos medicinalis für den Verbrecher, aber exemplaris für Andere seyn möchte, doch, was jene Bedingung der Befugnis betrift, ein *Symbol* der Strafwürdigkeit sey."[12]

Auch *nach* 1797 unterscheidet KANT die Frage der *„Strafgerechtigkeit"*, die moralisch ist (quia peccatum est), von der Frage der *„Strafklugheit"* (ne peccetur), die sich „auf Erfahrung von dem gründet, was am stärksten wirkt, Verbrechen abzuhalten".[13] – Der im Ansatz verfehlte und undurchführbare Talionsgedanke hat offenbar den Blick dafür versperrt, daß KANT keineswegs ein Anhänger des Konzepts der *reinen* Vergeltung in dem oben gekennzeichneten Sinne ist.[14] Im Gegenteil: In der „von Menschen regierten Welt" trennt KANT scharf zwischen der „moralischen" „Straf*gerechtigkeit*", welche die „Strafwürdigkeit" des Deliktes gegenüber den Betroffenen *„rechtfertigt"* einerseits, und der „pragmatischen Straf*klugheit*" anderseits, die „den Regenten zur *Vorschrift* in ihren Verfügungen" dient. Für die irdische Strafgesetzgebung und Strafrechtspflege muß also nach KANT *beides* zutreffen: Gerechtigkeit bezüglich der zu ahndenden Tat *und* Vernünftigkeit zwecks Verhinderung künftiger Verbrechen![15]

jedermann das widerfahre, was seine Thaten werth sind, und die Blutschuld nicht auf dem Volke hafte, das auf diese Bestrafung nicht gedrungen hat: weil es als Teilnehmer an dieser öffentlichen Verletzung der Gerechtigkeit betrachtet werden kann." (Metaphysische Anfangsgründe der Rechtslehre, KANTS Schriften, Bd. VI, S. 333; Ausg. d. Preuß. Akademie d. Wiss.).
Wie man zu dieser Antwort KANTS auch stehen mag, sie ist jedenfalls nicht absurd und kein Beleg für ein Konzept der *reinen* Vergeltung. Auch ein irdischer Kleinstaat der Gegenwart könnte sich vor dieses Problem gestellt sehen.

15 In seiner tiefschürfenden Analyse der Straftheorie KANTS kommt NAUCKE (Kant und die psychologische Zwangstheorie Feuerbachs, Hamburg 1962, S. 36; vgl. auch NAUCKE, Die Reichweite des Vergeltungsstrafrechts bei Kant, Schleswig-Holsteinische Anzeigen 1964, S. 203ff) zu dem Ergebnis: „Da der Grund, wie KANT ihn versteht, die Strafe schon in jeder Hinsicht bestimmt, kann die Erreichung eines Zwecks nur ein gleichsam unbeabsichtigtes, wenn auch vielleicht willkommenes Nebenprodukt einer als verdient und aus Gerechtigkeit verhängten Strafe sein." – Dieser Deutung, die NAUCKE selbst „etwas kühn" nennt, vermag ich nicht zu folgen. Welche Rolle sollte denn der *„Strafklugheit"* i. S. KANTS noch zukommen, wenn die „Strafgerechtigkeit" nicht nur die Begründung, sondern auch die Notwendigkeit des menschlichen Strafgesetzes ergäbe? – Es muß bei KANTS eigener Äußerung bleiben, daß auf Erden die „Strafgerechtigkeit" die „Rechtfertigung" der Strafgesetze abgibt, mit denen der Gesetzgeber weitergehende „Absichten" verfolgt („Strafvernunft"). Von der Deutung NAUCKES unberührt bliebe übrigens die *fragmentarische* Natur des Strafrechts in der Rechtslehre KANTS.

Bei HEGEL folgt keineswegs aus jeder schuldhaften Normübertretung mit dialektischer Notwendigkeit die Strafe; so bleibt z. B. das von HEGEL so genannte „unbefangene Unrecht", das die Fahrlässigkeit einschließt, ganz von öffentlicher Strafe frei. – Außerdem: Die Bestrafung des Verbrechens ist auch nicht *nur* „Negation der Negation" (falls diese Wendung überhaupt von HEGEL selbst stammt), sondern hat zugleich eine Bedeutung, die wir heute als „generalpräventiv" bezeichnen würden.[16]

Beide, KANT und HEGEL, philosophieren in der Sache also über Strafwürdigkeit *und* Strafbedürfnis bei bestimmten Gesetzesverletzungen. Man sollte sich auch dessen bewußt bleiben, daß die Strafrechtskonzepte beider Rechtsphilosophen weit fragmentarischer sind als die Strafrechtsordnungen ihrer oder unserer Zeit. – Daß Juristen den *reinen* Vergeltungsgedanken nie vertreten haben, sagte ich schon. Jeder, der betont, daß das Strafrecht *fragmentarischen* Charakter habe, erteilt der *reinen* Vergeltung eine Absage. (Nur bei Laien findet sich die Fehlvorstellung: Was nicht strafbar ist, ist auch nicht verboten.)

So läßt sich das Strafrecht als Reaktion auf *jede* schuldhafte Normübertretung zwar konzipieren, aber dieses Konzept hat *keine Anhänger* gefunden. Der seit einhundert Jahren heftig geführte Kampf gegen diese Theorie ohne Anhänger ist gleichwohl mehr als bloße Donquichoterie; denn er hat den Gedanken der gerechten Vergeltung als solchen und sogar das Schuldprinzip in Verruf gebracht.

Kehren wir zurück zu PROTAGORAS und GROTIUS. Sie lenkten den Blick – selbstverständlich im Rahmen gerechter Vergeltung – auf die *Wirkungen* der Strafe. Nun sind die Auswirkungen der Verurteilung und der Bestrafung des Rechtsbrechers ganz mannigfacher Art: auf den Delinquenten selbst und dessen Familie, auf den Verletzten, auf die Tatzeugen, auf die Rechtsgenossen, die davon lesen und hören, auf den Staat, auf die Allgemeinheit überhaupt. Ebenso sind die Gefühle und Motive der Betroffenen wie der Beteiligten und der Unbeteiligten ganz verschieden: Rache, Genugtuung, Befriedigung, Bestätigung von Erwartungen usw. Aus all diesen vielfältigen Wirkungen der Strafrechtspflege sind einzelne Elemente herausgenommen und zu Zwecken der Strafe und des Strafrechts erklärt worden; ebenso sind diese Zwecke dann miteinander vielfältig kombiniert worden. Das Ergebnis sind die *Straftheorien*. Ihre Einteilung in absolute und relative Theorien, in Vereinigungstheorien und sonstige Klassifizierungen verwende ich in folgen-

[16] Vgl. z.B. HEGELS „Grundlinien der Philosophie des Rechts", § 218 (Hervorhebungen dort): „Indem Eigentum und Persönlichkeit in der bürgerlichen Gesellschaft gesetzliche Anerkennung und Gültigkeit haben, so ist das *Verbrechen* nicht mehr nur Verletzung eines *subjektiv-Unendlichen*, sondern der *allgemeinen* Sache, die eine in sich feste und starke Existenz hat. Es tritt damit der Gesichtspunkt der *Gefährlichkeit* der Handlung für die Gesellschaft ein, wodurch einerseits die Größe des Verbrechens verstärkt wird, andererseits aber setzt die ihrer selbst sicher gewordene Macht der Gesell-

dem absichtlich nicht; diese Begriffe haben genug *Verwirrung* gestiftet. Wieso z.B. aus einer Aussage über den *Grund*, weshalb wir Menschen andere Menschen überhaupt bestrafen dürfen, und einer Aussage über den *Zweck*, der mit der Strafgesetzgebung und der Bestrafung verfolgt wird, eine „Vereinigungstheorie" sollte entstehen können, ist unerfindlich. Jede juristische Institution auf dieser Erde bedarf einer Begründung und einer Aufgabe. In jenem – sprachlich schwer nachvollziehbaren – Sinne gibt es in unserer Wissenschaft überhaupt nur „Vereinigungskonzepte". (Vielleicht mit einer Ausnahme: den neuerdings beliebten „Resignationstheorien", die aus der angeblichen spezialpräventiven Zwecklosigkeit des Strafens die Forderung nach Abschaffung des Strafrechts entwickeln.) – Der Ansatz v. LISZTS läßt sich ebenso als „absolute" Zwecktheorie wie als „relativ" und „Vereinigung" (mit der Vergeltung ebenso wie mit der Generalprävention) bezeichnen; das Konzept KANTS mag man „relativ" nennen im Hinblick darauf, daß auf Erden die „Absichten der Regenten" für die „Vorschriften" maßgebend sind („Strafklugheit") als auch „Vereinigungstheorie" wegen der moralischen Rechtfertigung durch die „Strafgerechtigkeit".

Im kriminalpolitischen Streit der Straftheorien ist oft verlorengegangen, daß es sich um *drei* recht verschiedene *Grundfragen* handelt, die beantwortet werden müssen. Die heute in Verruf geratene Begriffsjurisprudenz hatte meist noch klar zu trennen gewußt:

Die erste Frage zielt auf das „subjektive *Recht*" des Staates zu strafen. Wie entsteht das Recht des Staates, auf eine Normübertretung mit einem schweren Eingriff in die Personsphäre des Rechtsbrechers zu reagieren? Wie ist das zu rechtfertigen?

Erst bei positiver Beantwortung der ersten Frage entsteht die zweite: Ist der Staat verpflichtet, von seinem Recht Gebrauch zu machen? Besteht eine solche Verpflichtung generell oder nur von Fall zu Fall oder nur bei bestimmten Deliktsgruppen? Wann ist es *notwendig* zu strafen?

Die Beantwortung auch dieser Frage vorausgesetzt, ist dann drittens zu klären, wie das Strafverfahren, die Strafe und der Strafvollzug zu gestalten sind.

Die Antwort auf die *erste Frage* ist schon gegeben worden: „Die Strafe ist gerechtfertigt als Vergeltung nach dem Maß der Schuld."[17] Diese grundsätzliche

schaft die äußerliche *Wichtigkeit* der Verletzung herunter und führt daher eine größere Milde in der Ahndung desselben herbei."
Darauf, daß sich bei HEGEL die gerechte Vergeltung als Rechtfertigung der Strafe mit der Generalprävention verbindet, weist jetzt SEELMANN (JuS 1979, 687 ff) in seiner treffenden Analyse der Straftheorie HEGELS hin.

[17] WELZEL, Das Deutsche Strafrecht, 11. Aufl., Berlin 1969, S. 238.

Legitimation der Strafe wird von vielen Straftheorien ausdrücklich oder stillschweigend vorausgesetzt. Solche Theorien wollen überhaupt nicht die Frage beantworten, wie es zu rechtfertigen ist, *daß* gestraft wird. Sie wollen vielmehr aussagen, *wann* und *wie* gestraft werden soll; sie betreffen also die zweite und die dritte Frage.[18]

Anders die „soziologische Schule", die FRANZ v. LISZT vor hundert Jahren gegründet hat; deren Grundgedanken setzt die vom Bundesverfassungsgericht erwähnte *défense sociale* fort. Im Streit mit der sog. „klassischen Schule", geführt von KARL BINDING, lehnt sie die Rechtfertigung der Strafe als gerechten Schuldausgleich ausdrücklich ab. Getragen von Naturalismus und Determinismus setzt auch sie als Aufgabe des Staates den Schutz der Rechtsgüter.[19]

Die *Sicherung* der Rechtsgüter soll erreicht werden durch *Ausmerzung* derjenigen Menschen, die durch Anlage und Umwelt zum Rechtsbrecher determiniert sind: Schutz der Gesellschaft durch Ausmerzung der ihr gefährlichen Glieder. Zu diesem Zweck sollen die Mittel, die das bisherige Vergeltungsstrafrecht bereitstellt, verwendet werden: Tötung, Verwahrung für die Dauer der Gefährlichkeit; wo dies möglich ist, soll der Gefährliche gebessert werden. Auf *Schuld* kommt es dabei nicht an, jedenfalls nicht im Sinne personaler Verantwortung, da die Kriminalität durch und durch ein Produkt von Anlage und Umwelt ist. Entscheidend ist allein die *Prognose* der *Gefährlichkeit*. – Es ist der großartige Versuch, unter *einem* Gesichtspunkt, nämlich der Gefährlichkeit des potentiellen Täters für die Allgemeinheit, sowohl die Rechtmäßigkeit der Maßnahme gegen diesen als auch deren Zweckmäßigkeit zu erweisen, also alle Fragen zu beantworten.

Sehr rasch nahm v. LISZT an diesem Konzept reiner Sicherungsmaßnahmen eine wichtige Einschränkung vor, durch die wenigstens äußerlich die Ausmerzungsmaßnahmen noch als *Strafen* im Sinne der eingangs gegebenen Definition des GROTIUS bezeichnet werden konnten: Aus pragmatischen Gründen wird verlangt, es müsse jedenfalls *eine* rechtswidrige Tat *vorliegen*, bevor der Gefährliche eliminiert werden kann. Einmal war auf das Volksbewußtsein Rücksicht zu nehmen,

[18] In der Diskussion war kontrovers, ob ein religiöser Bezug, ein Rekurs auf Gott für die *Entstehung* der öffentlichen Strafe und für die *Rechtfertigung* der Strafe wesentlich sei.
Die Rechtswissenschaft der Gegenwart muß die Frage anders stellen und beantworten: „Der Staat straft nicht, damit überhaupt in der Welt *Gerechtigkeit*, sondern damit *Rechtlichkeit* des Gemeinschaftslebens (Geltung und Befolgung seiner Rechtsordnung) sei" (WELZEL, a. a. O., S. 240). Ob dieser „Straf*klugheit*" auch echte („moralische") „Straf*gerechtigkeit*" – beides i. S. KANTS – entspricht, das ist die tiefste, die *letzte* Frage der Rechtsphilosophie; siehe oben bei Note 3.

[19] Die Frage, wie vom deterministischen Ansatz aus *Wertungen* über menschliche Akte überhaupt gefunden und als Zwecke staatlichen Handelns genommen werden können, wird nicht gestellt.

[20] Im Text können und sollen nur der Grundansatz und das eigentliche Reformziel wiedergegeben werden. Die weitere Entwicklung wird kompliziert und verdunkelt durch Einflüsse des positiven Rechts, das ja ein Schuldstrafrecht ist, und durch mannigfache kriminalpolitische, dogmatische und

von dem sich der Gesetzgeber nicht allzu weit entfernen mochte. Zum anderen empfahl es sich aus *rechtsstaatlichen* Erwägungen, die Strafgerichtsbarkeit beizubehalten. – Schließlich bestanden Bedenken, ob nach dem damaligen Stande der Erforschung der kriminellen Determinationsfaktoren die Gefährlichkeitsprognose möglich sei ohne zumindest eine vorangegangene Tat als Anhaltspunkt. – Trotz weiterer Konzessionen im Laufe der Jahrzehnte ist es bis heute (défense sociale) dabei geblieben, daß es auf Schuld eigentlich nicht ankomme und daß die rechtswidrige Tat nicht Grund, sondern nur Anlaß zu den Strafe genannten Maßnahmen gegen den gefährlichen Täter sei.[20]

Die durch v. Liszt mitbegründete Kriminologie ist nach hundert Jahren in der Prognoseforschung zwar weitergekommen, aber doch nicht sehr weit. Nur zum geringsten Teil hängt das damit zusammen, daß einige Richtungen befaßt sind mit dem Ersinnen neuer Theorien über die Entstehung des Verbrechens und über den Zweck der Strafe; der Empiriker Schöch[21] bemerkt dazu: „Nach meiner Kenntnis der Situation dürfte über die Hälfte der kriminologischen Forschungskapazität an den deutschen Hochschulen von dieser Theoriediskussion in weitgehend geschlossenen Zirkeln absorbiert werden." – Aber auch die „multifaktorielle empirische Kriminologie", die durchaus Erfolge aufzuweisen hat, legt sich darüber Rechenschaft ab, daß sie den Anforderungen, die das Präventionsprogramm der „soziologischen Schule" an die *Prognose* stellt, weder nach dem Umfang noch nach der Präzision zu genügen vermag, auch nicht in absehbarer Zeit.

Damit scheitert das Konzept eines Maßnahmenrechtes als Ersatz des Schuldstrafrechtes schon an praktischer Undurchführbarkeit. (Daß mit dieser Feststellung keine Absage an die Möglichkeit und Notwendigkeit der Spezialprävention, etwa im geltenden Recht, verbunden ist, sei ausdrücklich vermerkt.)

Offen geblieben ist die Frage, ob die Kritik am *Schuld*strafrecht durchschlägt: Die Freiheit des Menschen, in welchem Sinne und in welchen Grenzen auch immer verstanden, ist die „erste Grundbedingung sittlichen Seins", die *Vorausset-*

terminologische Kompromisse und Mißverständnisse. So heißt es schon in der 3. Aufl. des v. Liszt-schen Lehrbuchs 1888 (S. 29): „Der kategorische Imperativ der Vergeltung deckt sich mit den Nützlichkeitsrücksichten der Politik. *In der Vertiefung des Schuldbegriffs haben wir die Versöhnung des Widerstreits gefunden.* Die Strafe ist *Interessenschutz,* weil und soweit sie Vergeltung ist; sie ist *Vergeltung,* wenn und soweit sie Interessenschutz ist." (Hervorhebung dort) – Anderseits bleibt noch in der 22. Aufl. (1919) die Schuldlehre (zum RStGB!) eigentümlich formal und verkürzt: Der Verbotsirrtum wird weniger berücksichtigt als selbst in der damals allgemein abgelehnten Rechtsprechung des Reichsgerichts; und sogar die Putativnotwehr in *unvermeidbarem* „Tatirrtum" läßt die volle „Vorsatzschuld" bestehen (S. 174)! – In der *défense sociale* werden Errungenschaften der Dogmatik des modernen Schuldstrafrechts als Forderungen der Spezialprävention erhoben; daß selbst die radikale Richtung (Grammatica) in eigentümlicher Ambivalenz zur Schulddogmatik verbleibt, hat Hilde Kaufmann nachgewiesen (v. Weber-Festschrift, Bonn 1963, S. 419ff, bes. S. 436).

21 Kriminologie und Sanktionsgesetzgebung, ZStW 92, 143ff (153); auch zum Folgenden.

zung von Ethik und Recht. Mit den Worten NICOLAI HARTMANNS: „Sittliche Werte wie sittliche Akte verlieren ohne die Grundlage der Freiheit ihren eigentlichen Sinn. Es sind Werte und Akte eines prinzipiell freien Wesens. Ist der Mensch kein solches Wesen, so sind seine Akte weder sittlich wertvoll noch wertwidrig und er selbst ist weder gut noch böse.“[22]

Gibt es keine menschliche Freiheit, so existieren auch die hier aufgeworfenen Rechtsfragen nicht, wenn man den deterministischen Ansatz zu Ende denkt. Im Strafrecht spitzt sich das Freiheitsproblem doppelt zu: Strafrechtliche Schuldlehre ist praktizierte Freiheitsanalyse. Nun ist der Stand des Kampfes um dieses Problem der folgende: Ein stringenter Beweis im Sinne eines experimentellen Belegs liegt nicht vor; weder die eine noch die andere Position ist exakt bewiesen. Eben darin stimmen einsichtige Beurteiler des Streitstandes – oft unausgesprochen – überein, ausdrücklich z. B. NICOLAI HARTMANN[23] in seiner Freiheitsanalyse: „Die Freiheit der sittlichen Person ist erstens ethisch notwendig und zweitens ontologisch *möglich*.“ Aber „ein strenger ‚Beweis‘ . . . müßte gerade die ontologische *Notwendigkeit* erweisen“.

Wie ist in dieser Problemlage zu verfahren? – Zum Determinismus Neigende ziehen hier nicht selten den Grundsatz „in dubio pro reo“ heran und lösen den Zweifel zugunsten der Determination. Aber: Dieser rein prozessuale Grundsatz gilt nur für eine ganz bestimmte Situation des Strafverfahrens, er gilt niemals für Rechtsfragen. Ferner müßte ich erst wissen, was denn das Bessere ist, für die Gesamtheit und für den Einzelnen. Dies zu entscheiden, setzt aber gerade die Bejahung menschlicher Freiheit voraus.

Es wäre daran zu denken, das *Maß* der *Plausibilität* der Argumentation an die Stelle der Stringenz des Beweises zu setzen. Das hieße für mich, etwa wie für meine Lehrer WELZEL und HARTMANN, der Willensfreiheit den Vorzug zu geben. Dieses Vorgehen wäre nicht ungewöhnlich. Die Rechtswissenschaft ist nicht nur eine „eminent theoretische“, sondern auch eine „eminent praktische“ Wissenschaft. Der Richter muß den konkreten *Fall* entscheiden, auch wenn er in der ausschlaggebenden Rechtsfrage arge Zweifel hat. Auch der Professor muß letztlich ein *Bekenntnis* abgeben, muß eine Lösung bieten, wo es darauf ankommt. Daß er auch die noch bestehenden Zweifel zu bekennen hat, versteht sich von selbst.

Vielleicht bietet sich für eine ebenso praktische wie normative Wissenschaft ein anderer Weg: der *Vergleich* der *Konsequenzen* zweier Positionen:

[22] HARTMANN, Ethik, 3. Aufl., Berlin 1949, S. 628. – Auch für KANT ist das Sollen nur möglich unter der Voraussetzung der Freiheit (s. dazu NAUCKE, Kant und die psychologische Zwangstheorie Feuerbachs, Hamburg 1962, S. 25).

[23] a. a. O., S. 799 (Hervorhebung von mir).

[24] M. E. MAYER, Die schuldhafte Handlung und ihre Arten im Strafrecht, Leipzig 1901, S. 100; Der All-

Der überzeugte Determinist MAX ERNST MAYER hat den Satz geprägt: „Die Menschheit ist zum Indeterminismus determiniert."[24] Dieser oft bewunderte und viel belächelte Satz ist – meines Erachtens – bis heute unwiderlegt. Denn er ist nur die elegante Umschreibung eines Phänomenbefundes: daß nämlich der Mensch sich als frei fühlt und erlebt, und daß er andere als frei ansieht. Der Determinist MAYER hat auf der Basis dieses Massenirrtums ein Schuldstrafrecht konzipiert. Er tat bewußt das, was viele Deterministen meines Faches vor und nach ihm unreflektiert getan haben: in Anlehnung an das geltende Recht ein Schuldstrafrecht zu konstruieren und zu praktizieren.

Die Deterministen machen sehr oft einen Fehler, der im Strafrecht besonders deutlich wird: Der Denker selbst, der Gesetzgeber, der Richter, der Sozialtherapeut werden unbewußt als frei gedacht; sie haben die (gedachte) Freiheit, die *Strategie* zur Bekämpfung des Verbrechens und zur Erziehung des Volkes zu konzipieren, unter verschiedenen „Strategien" die zweckmäßigste zu wählen und am Kriminellen zum Einsatz zu bringen. Denke ich folgerichtig auch die *Strategen* und ihr Offizierscorps als durch und durch dazu determiniert, so zu handeln, wie sie handeln, dann bleibt von der *Feldherrenkunst* nicht einmal eine vorprogrammierte Gefechts*taktik* übrig. Vor der Determination als Instanz hat jedes System und jedes Konzept insoweit – und nur insoweit – Bestand, als es durch Determinationsfaktoren *realisiert* ist. Das real existierende Schuldstrafrecht steht also *nicht* im Widerspruch zum deterministischen Ansatz; auch die mit „Schuld" und „Verantwortlichkeit" immanent behauptete menschliche Freiheit behält Realität, zumindest als Vorstellung. – Diese Überlegungen beheben meine Zweifel, mich für das Schuldstrafrecht zu entscheiden, für die Freiheit und für die Existenz von Recht überhaupt.

Es bleibt also bestehen: Strafe findet ihre *Legitimation* als gerechter Ausgleich für *schuld*haftes Unrecht. Offengeblieben ist die Frage, wann die Vergeltung gerecht ist, d. h. wann die Strafe schuldangemessen ist. Hier muß ein Maßstab, eine Skala entwickelt werden, der einerseits die Unrechts- und Schuldschwere, anderseits die Schwere der Strafübel ins Verhältnis setzt, unter Wahrung gleichmäßiger Abstufung der Strafschwere von der schwersten, sittlich zulässigen Strafe zu den leichteren. Diesen Versuch unternimmt jedes Strafgesetzbuch. Die Einschätzung der Strafschwere unterliegt dabei dem geschichtlichen Wechsel der Lebensverhältnisse und auch dem Wandel der Wertstile von Epochen, unbeschadet der Identität des Maßprinzips selbst.[25]

gemeine Teil des Deutschen Strafrechts, Heidelberg 1917, S. 451. – Kritisch ENGISCH, Die Lehre von der Willensfreiheit in der strafrechtsphilosophischen Doktrin der Gegenwart, 2. Aufl., Berlin 1965, S. 41f.

25 Vgl. WELZEL, a. a. O., S. 241; HENKEL, Die „richtige" Strafe, Tübingen 1969; STRATENWERTH, Tatschuld und Strafzumessung, Tübingen 1972.

Zur *zweiten* Frage: Ist der Staat *verpflichtet,* von seinem *Recht* zu strafen *Gebrauch* zu machen? In welchem *Umfang?*

Diese zweite Frage erst ist die eigentliche Frage nach der Aufgabe, nach der Funktion des Strafrechts und der Strafrechtspflege. Galt die erste Frage der Berechtigung der Strafe gegenüber dem Rechtsbrecher, so richtet sich die zweite Frage jetzt auf den Zweck, der mit einer schuldangemessenen Strafe verfolgt werden soll. Auch hier geht es um die Legitimation der Strafe und des Strafrechts, aber nicht gegenüber dem einzelnen, sondern für die Rechtsgemeinschaft und vor der Rechtsgemeinschaft. Es geht um den Umfang, in dem berechtigtes Strafen *notwendig* ist, um den fragmentarischen Charakter des Strafrechts.

Die Theorie der gerechten Vergeltung gibt auf *diese* entscheidende Frage überhaupt keine Antwort, kann es nicht und will es nicht. Sie sagt zwar, was Strafe ist oder doch sein soll, nämlich gerechter Ausgleich für schuldhaftes Unrecht. Aber sie sagt nichts aus über die Existenzberechtigung der Strafe im Gefüge der staatlichen Rechtsordnung. Mit den Worten WELZELS:[26] „Die Gerechtigkeit im allgemeinen Weltlauf herzustellen ist der Staat weder in der Lage noch verpflichtet. *Wenn* er straft, hat er gerecht zu strafen; aber *ob* er straft, hängt davon ab, ob die Strafe für den Bestand der Rechtsordnung *erforderlich* ist."

Im Sinne KANTS hat *hier* die „pragmatische *Strafklugheit*" ihre Funktion, die sich auf die „Erfahrung" von dem stützt, was notwendig und nützlich ist, von Verbrechen abzuhalten, den Rechtsfrieden zu sichern und die Rechtsgüter zu schützen. Hier hat die Erfahrungswissenschaft, die *Kriminologie,* ihren Standort, sowohl die Ursachenforschung als auch und besonders die Pönologie.

Konsequente *Spezial*prävention als *einziger* Gesichtspunkt würde, wie wir gesehen haben, dazu führen, den gefährlichen *Dieb* lebenslang einzusperren, den zur Zeit des Urteils ungefährlichen *Mörder* aber *straflos* zu lassen. Selbst bei Begrenzung durch das Schuldprinzip wären die verbleibenden Einzelfall-Bestrafungen nicht als gerechte Vergeltung legitimiert. Und offensichtlich wäre ein anderer Wirkungsbereich des praktizierten Schuldstrafrechts aufs Schwerste beeinträchtigt:

Die *abschreckende* Wirkung von Strafandrohung, Strafverfahren und Strafvollzug auf Dritte, auf die Allgemeinheit, nennt man heute oft „spezielle Generalprävention". Ihre Existenz ist unbestritten, über ihre Effizienz wissen wir wenig, jedenfalls schwankt diese von Delikt zu Delikt. Der *homo oeconomicus,* der die Vorteile der Tat mit der Höhe der Strafe vergleicht und das Entscheidende, die Gefahr des Erwischtwerdens, nüchtern in sein Kalkül einbezieht, ist im Kernbereich der Kriminalität höchst selten. Entspringt ohnehin die Vielzahl der Straftaten Augenblicksentschlüssen, so machen sich außerdem diejenigen, die überhaupt

[26] a. a. O., S. 239.

nachdenken, meist selbst etwas vor, besonders hinsichtlich des Gefaßtwerdens. Die *Verfolgungsintensität* bei Polizei und Justiz ist deshalb für die Abschreckungswirkung das Entscheidende.

Gleichwohl läßt sich nicht bezweifeln, daß in *manchen* Bereichen die Verbotsübertretungen zunehmen, wenn die Sanktion fehlt oder wegfällt. Das aber hängt aufs engste mit dem zusammen, was WELZEL die *sozialethische Funktion* des Strafrechts genannt hat. Unser höchstes Gericht nennt es den „positiven Aspekt der Generalprävention“: Indem Strafrechtspflege überhaupt *existiert* und *funktioniert*, wirkt sie prägend ein auf das Sozialleben. Zunächst: Sie ruft ständig ins Gedächtnis und belehrt manchen zum ersten Male darüber, was verboten und geboten ist. Diese *informative* Komponente der Strafrechtspflege ist besonders wichtig für den Bereich, wo die Norminhalte nicht selbstverständlich sind, etwa bei Verkehrsdelikten. – Des weiteren wird das *Vertrauen* in die Bestands- und Durchsetzungskraft der Rechtsordnung erhalten und gestärkt. Schon BINDING nannte das – etwas pathetisch – „Bewährung der Rechtsherrlichkeit“. Schließlich – darauf hat WELZEL besonderes Gewicht gelegt – schafft und stärkt das Strafrecht, indem es existiert und angewandt wird, bei der Mehrheit der Bürger eine *bleibende rechtstreue Gesinnung*, eine legale Haltung. Dies ist die *wichtigste Wirkung* eines guten, gut funktionierenden Schuldstrafrechts.

Die so verstandene Generalprävention ist Sozialisation zur rechtstreuen Haltung.[27] Daß die Strafrechtspflege keineswegs die einzige geistige Macht ist, die an diesem Prozeß der Prägung rechtstreuer, sozialer Haltung teilnimmt, ist selbstverständlich, muß aber ausdrücklich hervorgehoben werden. Ist deshalb das Strafrecht auch in Utopien ersetzbar, so wird seine praktische Notwendigkeit durch den Gang der Geschichte belegt.

Die Generalprävention ist heute *en vogue*, wenn man das eben Umschriebene – entgegen WELZEL – so nennen will. Sofort setzen Mißverständnisse ein: Man könne die so verstandene Generalprävention dazu benutzen, im *Einzelfall* die Notwendigkeit einer Bestrafung zu bestimmen. Das ist abwegig, schon weil Gerechtigkeit der Bestrafung auch ein Mindestmaß an Gleichmäßigkeit in sich schließt. Außerdem: Wer wollte entscheiden, was überwiegt: der schlechte Eindruck, den eine Straftat macht, oder der schlechte Eindruck, den es macht, sie straflos zu lassen?

Die Generalprävention, wie sie hier verstanden wird, ist eine Aufgabe des *ganzen* materiellen und formellen Strafrechts, bezogen auf die *Gesamtheit* der Bürger. Aus der Zweckbestimmung – Rechtsgüterschutz durch Stärken der

[27] Daß auch mit „kommunikativer“ Schuldzuschreibung das „Einüben in Rechtstreue“ erfolgreich verbunden ist, hat DORNSEIFER dargelegt (Rechtstheorie und Strafrechtsdogmatik Adolf Merkels, Berlin 1979, S. 108ff).

rechtstreuen Haltung – ergibt sich, daß das Strafrecht *fragmentarisch* sein darf, ja sein muß. Es ist kein Zufall, sondern folgerichtig, wenn die fragmentarische Natur des Strafrechts gerade von denjenigen betont wird, die die Legitimation des Strafens auf die gerechte Vergeltung gründen (KARL BINDING, HELLMUTH MAYER, HANS WELZEL). Die notwendigen Fragmente richtig zu bestimmen, so daß als „ethisches Minimum" ein wirksames Konzept zur Bewahrung rechtstreuer Gesinnung verbleibt, ist die Aufgabe weiser Gesetzgebung (und der Strafrechtswissenschaften). Hier herrscht „pragmatische Strafklugheit" im Sinne KANTS. – Bei der Begrenzung dessen, was als strafbedürftig verbleibt, kann auch *spezial*präventiven Gesichtspunkten Rechnung getragen werden; insbesondere sind die Straf*arten* auszuwählen und zu gestalten als taugliche Instrumente der Einwirkung auf den Täter. (Hier wird schon die dritte Frage berührt.)[28]

In diesem Zusammenhang mag man von der „Verhältnismäßigkeit der Mittel" als einer Maxime des Gesetzgebers sprechen. Die Straf*gesetze* sind (oder sollten sein) geronnene Verhältnismäßigkeit des Mittels Strafe. Die *Anwendung* des Strafgesetzes (und des Verfahrensrechtes) auf den Einzelfall oder auf einzelne Fallgruppen darf *nicht* wegen angeblicher Unverhältnismäßigkeit der Sanktion verweigert werden. – Der hypertrophe Rekurs auf die Verhältnismäßigkeit der Mittel ist ein Indiz für die Mittelmäßigkeit der Verhältnisse.

Zur *dritten Frage* Stellung zu nehmen, nämlich zur Frage nach der *Gestaltung* des gesamten Strafverfahrens einschließlich der Bestrafung selbst, ist hier nicht der Ort. Zum Thema gehört nur der nachdrückliche Hinweis, daß auch die Gestaltung des Verfahrens und der Bestrafung geleitet sein muß vom Auftrag des Strafrechts, Rechtsgüter zu schützen. Die Strafrechtspflege so zu gestalten, daß der Straftäter tunlichst *gebessert* wird, ist ein Gebot staatlicher Vernunft. Dem Schuldigen, den wir in seiner Schuld gerade als verantwortliche Person anerkennen und der doch hilfsbedürftig sein kann, die nötige *Hilfe* zu gewähren, ist ein Gebot gesellschaftlicher Nächstenliebe. Kurz: Hier ist mit Entschiedenheit zu fordern: *Resozialisierung!* (Diese schließt, richtig verstanden, auch den Versuch ein, beim

[28] In der Diskussion nahm einen breiten Raum ein die Frage, wann die Prägekraft des Strafrechts notwendig sei und wann nicht (das Problem des fragmentarischen Charakters) und inwieweit sie überhaupt vorhanden sei.
Über die Notwendigkeit der Bewehrung mit Strafe und die Möglichkeit, auf Sanktionen zu verzichten, lassen sich derzeit theoretische Aussagen kaum machen. Schon KANT verwies auf die „Erfahrung"; die Erfahrungswissenschaft Kriminologie hat aber in diesem Bereich kaum Ergebnisse zu bieten (Vgl. SCHÖCH, ZStW 92, 143ff).
Zur Prägekraft des Strafrechts nannte ich zwei Beispiele:
1. Seit die unterlassene Hilfeleistung bei Unglücksfällen unter Strafe gestellt worden ist (§ 330c RStGB, jetzt § 323c StGB), hat sich dieses rechtliche Gebot allgemein durchgesetzt, mag auch die Dunkelziffer – wie bei allen Unterlassungsdelikten – relativ hoch sein.

Täter innere Einkehr oder gar Reue zu erreichen.) Bei alledem ist Skepsis gegenüber dem Fortschrittsglauben nötig; sie allein bewahrt vor Resignation. In aller Nüchternheit bekenne ich mich ausdrücklich zur Spezialprävention.

Die Dominanz des Resozialisierungszweckes in diesem Bereich wird in zweierlei Richtung begrenzt: Erstens sozusagen nach oben durch das Schuldprinzip; die Strafe darf – auch zur Resozialisierung – das Maß der Schuld nicht übersteigen. Diese Grenze ist vorgegeben mit der Legitimation der Strafe durch Schuld. – Zweitens sozusagen nach unten: Die etwa spezialpräventiv angemessene Sanktionslosigkeit oder Sanktionsminderung unter das Maß der Schuld gerät in Konflikt mit der Funktion, durch (möglichst gleichmäßige!) gerechte Bestrafung die Rechtstreue der Allgemeinheit zu stärken. Die *Theorie* kann derzeit diese Spannung nur beschreiben, aber nicht lösen; die *Erfahrung*, auf die schon KANTS „Strafklugheit" verwiesen hat, ist in diesem Bereich allenfalls ganz partiell wissenschaftlich gesichert.[29]

Es scheint, daß die Entscheidungen des positiven Rechts die Funktion des Strafrechts nicht beeinträchtigen. – Wichtig ist, daß schon die *Bemakelung* durch eine *Verurteilung* teil hat an der generalpräventiven Funktion im erörterten Sinne.[30]

Zum Schluß noch eine meines Erachtens wesentliche, aber *negative* Bestimmung der Zielsetzung der Strafrechtspflege. Denn die allgemein anerkannte These, daß es Aufgabe des Strafrechts ist, Rechtsgüter zu schützen, birgt in sich Mißverständnisse. Diese These wird nicht selten zu der Vorstellung weiterentwickelt, die Strafrechtspflege könne schlechthin vor *künftigen* Straftaten bewahren. Und dies nicht nur durch Resozialisierung im Strafvollzug oder durch allgemeine Einwirkung auf die legale Haltung, sondern *auch* dadurch, daß potentielle Täter in Haft genommen werden oder in Haft verbleiben.

Jedoch ist es nur eine *Nebenfolge*, wenn der Vollzug der Strafe (oder die Untersuchungshaft) potentielle Täter zeitweise daran hindert, neue Straftaten zu begehen. Dies ist nicht die Aufgabe des *Straf*rechts, es ist kein Strafzweck. Deshalb wäre es verfehlt, dem Schuldstrafrecht eine solche Funktion zuzuerkennen. Vor

2. Ein negatives Beispiel bietet § 218 RStGB alter Fassung. Schon seit Jahrzehnten gelangten Abtreibungen seitens der Schwangeren kaum noch zur Aburteilung (Dunkelziffer erheblich über 90%!). Es fehlte die Verfolgungsintensität bei Polizei wie Justiz, wohl einem Wandel der gesellschaftlichen Wertvorstellungen folgend.

[29] Vgl. SCHÖCH, ZStW 92, 143ff.

[30] Anderseits geht der Makel der Verurteilung und der Bestrafung in unserer Gesellschaft oft über das Maß der gerechten Vergeltung hinaus. Der *Vorbestrafte* hat, soweit die Strafe bekannt geworden ist; oft weitere erhebliche Nachteile, die nicht mehr schuldangemessen sind. – In der Diskussion verwies ich darauf, daß es nur in den Niederlanden einigermaßen erreicht wird, daß mit dem Vollzug der Strafe auch „die Sache abgetan" ist. Das hängt dort wohl mit der Tradition des Gefängniswesens zusammen, die im Religiösen und Kirchlichen wurzelt (in der calvinistischen Ethik).

der Versuchung, das Strafrecht so zu gestalten oder gar so zu verbiegen, daß es potentielle Straftäter „aus dem Verkehr zieht“, müssen Gesetzgeber und Rechtsprechung bewahrt werden: Der entfernte Vorbereitungsakt wiegt schwer nur nach der *Gesinnung*, *nicht* nach dem Handlungs*unrecht* und nach der Tat*schuld*. Wenn das Strafrecht nicht mehr dem Prinzip der *gerechten* Bestrafung für *begangenes* schuldhaftes Unrecht entspricht, kann es auch seiner Aufgabe, in der Allgemeinheit legale Haltung zu erzeugen, nicht mehr genügen.

Schon die Sicherungsverwahrung ist als *Maßnahme* der Sicherung keine eigentliche *straf*rechtliche Aufgabe mehr, wenn sie sich auch an mehrfach *begangenem* Unrecht orientiert. Völlig versagt das Strafrecht gegenüber dem *entschlossenen Feind der Rechtsordnung*, dem noch keine erhebliche Straftat im rechtsstaatlichen Verfahren *nachgewiesen* worden ist. Steigert sich die Zahl der organisierten Rechtsfeinde und des Umfeldes ihrer Sympathisanten über ein gewisses Maß hinaus (z. B. Terrorismus oder Mafia), ohne daß der staatsrechtliche Notstandsfall gegeben wäre, so ist die bange Frage, ob die hier zuständige Polizei über die rechtlichen und tatsächlichen Möglichkeiten verfügt, der Gefahr Herr zu werden.

Der Staatsrechtler wie der Strafrechtler sollten jedenfalls nüchtern konstatieren, daß dieses „Loch im Normenkreise“ der rechtsstaatlichen Schutzordnung besteht. Möge es nie notwendig werden, dieses „Loch“ zu schließen!

Ich fasse zusammen:

Aufgabe des Strafrechts ist der Schutz der elementaren Gemeinschaftswerte, der *Schutz der Rechtsgüter*. Das ist heute unbestritten.

Diesen Rechtsgüterschutz kann das Strafrecht allerdings nur *mittelbar* erreichen: Indem das Strafrecht bekannt wird und als gerechtes Schuldstrafrecht angewandt wird, schafft es und bestärkt es die rechtstreue Gesinnung, die *legale Haltung* der Bürger. Für diese „irdische“ Zwecksetzung der öffentlichen Strafe genügt es, nur einen gewichtigen Teil der Normübertretungen unter Strafe zu stellen. Das Strafrecht hat deshalb notwendigerweise „fragmentarischen“ Charakter; hier herrscht „Strafklugheit“ im Sinne KANTS.

Diese „sozialethische Funktion“ der Strafrechtspflege, die Sozialisation zur Rechtstreue, bezieht sich auf die Allgemeinheit der Bürger, schließt aber die *Re*sozialisierung des Täters zur Legalität in sich ein: Richtig verstandene „Generalprävention“ umfaßt die recht verstandene und richtig begrenzte „Spezialprävention“. Das Instrumentarium der Sanktionen und die Gestaltung des Vollzuges sind primär auszurichten am Ziel der *Resozialisierung*.

Ihre *Legitimation* gegenüber dem *Täter* findet die Strafe *allein* als *gerechte Vergeltung*, die das Maß der Schuld nicht übersteigt und im Täter die verantwortliche Person anerkennt; anderenfalls wäre der Verurteilte bloßes Mittel zu Strafzwecken.

Die so oft verfemten „Vergeltungstheorien“ betreffen diese Rechtfertigung der Strafe. Eine Theorie der *reinen* Vergeltung, die in der Bestrafung *nur* den Ausgleich des Delikts sähe und auf *jede* schuldhafte Normübertretung Strafe folgen ließe, findet sich als wissenschaftliches Konzept für weltliche Strafgesetzgebung *nicht*, weder bei KANT, noch bei HEGEL, noch in der Jurisprudenz.

Dieser Umriß der Funktion des Strafrechts entspricht dem Grundgesetz und der Rechtsprechung des höchsten Gerichts.

Veröffentlichungen der Rheinisch-Westfälischen Akademie der Wissenschaften

Neuerscheinungen 1971 bis 1982

Vorträge G Heft Nr.		GEISTESWISSENSCHAFTEN
176	*Heinz-Dietrich Wendland, Münster*	Die Krisis der Volkskirche – Zerfall oder Gestaltwandel?
177	*Gerhard Kegel, Köln*	Zur Schenkung von Todes wegen
178	*Theodor Schieder, Köln*	Hermann Rauschnings „Gespräche mit Hitler" als Geschichtsquelle
179	*Friedrich Nowakowski, Innsbruck*	Probleme der österreichischen Strafrechtsreform
180	*Karl Gustav Fellerer, Köln*	Der Stilwandel in der abendländischen Musik um 1600
181	*Georg Kauffmann, Münster*	Michelangelo und das Problem der Säkularisation
182	*Harry Westermann, Münster*	Freiheit des Unternehmers und des Grundeigentümers und ihre Pflichtenbindungen im öffentlichen Interesse nach dem Referentenentwurf eines Bundesberggesetzes
183	*Ernst-Wolfgang Böckenförde Bielefeld*	Die verfassungstheoretische Unterscheidung von Staat und Gesellschaft als Bedingung der individuellen Freiheit
184	*Kurt Bittel, Berlin*	Archäologische Forschungsprobleme zur Frühgeschichte Kleinasiens
185	*Paul Egon Hübinger, Bonn*	Die letzten Worte Papst Gregors VII.
186	*Günter Kahle, Köln*	Das Kaukasusprojekt der Alliierten vom Jahre 1940
187	*Hans Erich Stier, Münster*	Welteroberung und Weltfriede im Wirken Alexanders d. Gr.
188	*Jacques Droz, Paris*	Einfluß der deutschen Sozialdemokratie auf den französischen Sozialismus (1871–1914)
189	*Eleanor v. Erdberg-Consten, Aachen*	Die Architektur Taiwans Ein Beitrag zur Geschichte der chinesischen Baukunst
190	*Herbert von Einem, Bonn*	Die Medicimadonna Michelangelos
191	*Ulrich Scheuner, Bonn*	Das Mehrheitsprinzip in der Demokratie
192	*Theodor Schieder, Köln*	Probleme einer europäischen Geschichte Jahresfeier am 30. Mai 1973
193	*Erich Otremba, Köln*	Die „Kanalstadt". Der Siedlungsraum beiderseits des Ärmelkanals in raumdynamischer Betrachtung
194	*Max Wehrli, Zürich*	Wolframs ‚Titurel'
195	*Heinrich Dörrie, Münster*	Pygmalion – Ein Impuls Ovids und seine Wirkungen bis in die Gegenwart
196	*Jan Hendrik Waszink, Leiden*	Biene und Honig als Symbol des Dichters und der Dichtung in der griechisch-römischen Antike
197	*Henry Chadwick, Oxford*	Betrachtungen über das Gewissen in der griechischen, jüdischen und christlichen Tradition
198	*Ernst Benda, Karlsruhe*	Gefährdungen der Menschenwürde
199	*Herbert von Einem, Bonn*	‚Die Folgen des Krieges'. Ein Alterswerk von Peter Paul Rubens
200	*Hansjakob Seiler, Köln*	Das linguistische Universalienproblem in neuer Sicht
201	*Werner Flume, Bonn*	Gewohnheitsrecht und römisches Recht
202	*Rudolf Morsey, Speyer*	Zur Entstehung. Authentizität und Kritik von Brünings „Memoiren 1918–1934"
203	*Stephan Skalweit, Bonn*	Der „moderne Staat". Ein historischer Begriff und seine Problematik
204	*Ludwig Landgrebe, Köln*	Der Streit um die philosophischen Grundlagen der Gesellschaftstheorie
205	*Elmar Edel, Bonn*	Ägyptische Ärzte und ägyptische Medizin am hethitischen Königshof Neue Funde von Keilschriftbriefen Ramses' II. aus Bogazköy
206	*Eduard Hegel, Bonn*	Die katholische Kirche Deutschlands unter dem Einfluß der Aufklärung des 18. Jahrhunderts
207	*Friedrich Ohly, Münster*	Der Verfluchte und der Erwählte. Vom Leben mit der Schuld
208	*Siegfried Herrmann, Bochum*	Ursprung und Funktion der Prophetie im alten Israel
209	*Theodor Schieffer, Köln*	Krisenpunkte des Hochmittelalters Jahresfeier am 7. Mai 1975
210	*Ulrich Scheuner, Bonn*	Die Vereinten Nationen als Faktor der internationalen Politik
211	*Heinrich Dörrie, Münster*	Von Platon zum Platonismus Ein Bruch in der Überlieferung und seine Überwindung
212	*Karl Gustav Fellerer, Köln*	Der Akademismus in der deutschen Musik des 19. Jahrhunderts
213	*Hans Kauffmann, Bonn*	Probleme griechischer Säulen

214	*Ivan Dujcev, Sofia*	Heidnische Philosophen und Schriftsteller in der alten bulgarischen Wandmalerei
215	*Bruno Lewin, Bochum*	Der koreanische Anteil am Werden Japans
216	*Tilemann Grimm, Tübingen*	Meister Kung Zur Geschichte der Wirkungen des Konfuzius
217	*Harald Weinrich, Bielefeld*	Für eine Grammatik mit Augen und Ohren, Händen und Füßen – am Beispiel der Präpositionen
218	*Roman Jakobson, Cambridge, Mass.*	Der grammatische Aufbau der Kindersprache
219	*Jan Öberg, Stockholm*	Das Urkundenmaterial Skandinaviens Bestände, Editionsvorhaben, Erforschung
220	*Werner Beierwaltes, Freiburg i. Br.*	Identität und Differenz. Zum Prinzip cusanischen Denkens
221	*Walter Hinck, Köln*	Vom Ausgang der Komödie. Exemplarische Lustspielschlüsse in der europäischen Literatur
222	*Heinz Hürten, Freiburg i. Br.*	Reichswehr und Ausnahmezustand. Ein Beitrag zur Verfassungsproblematik der Weimarer Republik in ihrem ersten Jahrfünft
223	*Bernhard Kötting, Münster*	Religionsfreiheit und Toleranz im Altertum Jahresfeier am 18. Mai 1977
224	*Karl J. Narr, Münster*	Zeitmaße in der Urgeschichte
225	*Karl Ed. Rothschuh, Münster*	Iatromagie: Begriff, Merkmale, Motive, Systematik
226	*Samuel R. Spencer Jr., Davidson, North Carolina*	Die amerikanische Stimmung im Jahr des Janus
227	*Paul Mikat, Düsseldorf*	Dotierte Ehe – rechte Ehe. Zur Entwicklung des Eheschließungsrechts in fränkischer Zeit
228	*Herbert Franke, München*	Nordchina am Vorabend der mongolischen Eroberungen: Wirtschaft und Gesellschaft unter der Chin-Dynastie (1115–1234)
229	*András Mócsy, Budapest*	Zur Entstehung und Eigenart der Nordgrenzen Roms
230	*Heinrich Dörrie, Münster*	Sinn und Funktion des Mythos in der griechischen und der römischen Dichtung
231	*Jean Bingen, Brüssel*	Le Papyrus Revenue Laws – Tradition grecque et Adaptation hellénistique
232	*Niklas Luhmann, Bielefeld*	Organisation und Entscheidung
233	*Louis Reekmans, Leuven*	Die Situation der Katakombenforschung in Rom
234	*Josef Pieper, Münster*	Was heißt Interpretation?
235	*Walther Heissig, Bonn*	Die Zeit des letzten mongolischen Großkhans Ligdan (1604–1634)
236	*Alf Önnerfors, Köln*	Die Verfasserschaft des Waltharius-Epos aus sprachlicher Sicht
237	*Walther Heissig, Bonn*	Die mongolischen Heldenepen – Struktur und Motive
238	*Günther Stökl, Köln*	Osteuropa – Geschichte und Politik Jahresfeier am 23. Mai 1979
239	*Wilhelm Weber, Münster*	Geld, Glaube, Gesellschaft
240	*Giovanni Nencioni, Florenz*	Lessicografia e Letteratura Italiana
241	*Arno Esch, Bonn*	Zur Situation der zeitgenössischen englischen Lyrik
242	*Otto Pöggeler, Bochum* *Heinz Breuer, Bonn*	Fragen der Forschungspolitik
243	*Klaus Stern, Köln*	Verfassungsgerichtsbarkeit zwischen Recht und Politik
244	*Klaus W. Niemöller, Münster*	Der sprachhafte Charakter der Musik
245	*Jürgen Untermann, Köln*	Trümmersprachen zwischen Grammatik und Geschichte
246	*Clemens Menze, Köln*	Leibniz und die neuhumanistische Theorie der Bildung des Menschen
247	*Helmut Schelsky, Münster*	Die juridische Rationalität
248	*Ulrich Scheuner, Bonn*	Der Beitrag der deutschen Romantik zur politischen Theorie
249	*Georg Kauffmann, Münster*	Zum Verhältnis von Bild und Text in der Rennaissance
250	*Rudolf Kassel, Köln*	Dichtkunst und Versifikation bei den Griechen
251	*Hans Schadewaldt, Düsseldorf*	Idiosynkrasie, Anaphylaxie, Allergie, Atopie – Ein Beitrag zur Geschichte der Überempfindlichkeitskrankheiten
252	*Walter Hinck, Köln*	Haben wir heute vier deutsche Literaturen oder *eine*? Plädoyer in einer Streitfrage Jahresfeier am 13. Mai 1981
253	*Heinz Gollwitzer, Münster*	Vorüberlegungen zu einer Geschichte des politischen Protestantismus nach dem konfessionellen Zeitalter
254	*Martin Honecker, Bonn*	Evangelische Theologie vor dem Staatsproblem
255	*Paul Mikat, Düsseldorf*	Rechtsprobleme der Schlüsselgewalt
256	*Ernst Dassmann, Bonn*	Paulus in frühchristlicher Frömmigkeit und Kunst
257	*Reinhold Merkelbach, Köln*	Weihegrade und Seelenlehre der Mithrasmysterien
258	*Bruno Lewin, Bochum*	Sprachbetrachtung und Sprachwissenschaft im vormodernen Japan
259	*Boris Meissner, Köln*	Das Verhältnis von Partei und Staat im Sowjetsystem
262	*Armin Kaufmann, Bonn*	Die Aufgabe des Strafrechts

ABHANDLUNGEN

Band Nr.		
33	*Heinrich Behnke und Klaus Kopfermann (Hrsg.), Münster*	Festschrift zur Gedächtnisfeier für Karl Weierstraß 1815–1965
34	*Joh. Leo Weisgerber, Bonn*	Die Namen der Ubier
35	*Otto Sandrock, Bonn*	Zur ergänzenden Vertragsauslegung im materiellen und internationalen Schuldvertragsrecht. Methodologische Untersuchungen zur Rechtsquellenlehre im Schuldvertragsrecht
36	*Iselin Gundermann, Bonn*	Untersuchungen zum Gebetbüchlein der Herzogin Dorothea von Preußen
37	*Ulrich Eisenhardt, Bonn*	Die weltliche Gerichtsbarkeit der Offizialate in Köln, Bonn und Werl im 18. Jahrhundert
38	*Max Braubach, Bonn*	Bonner Professoren und Studenten in den Revolutionsjahren 1848/49
39	*Henning Bock (Bearb.), Berlin*	Adolf von Hildebrand, Gesammelte Schriften zur Kunst
40	*Geo Widengren, Uppsala*	Der Feudalismus im alten Iran
41	*Albrecht Dihle, Köln*	Homer-Probleme
42	*Frank Reuter, Erlangen*	Funkmeß. Die Entwicklung und der Einsatz des RADAR-Verfahrens in Deutschland bis zum Ende des Zweiten Weltkrieges
43	*Otto Eißfeld, Halle, und Karl Heinrich Rengstorf (Hrsg.), Münster*	Briefwechsel zwischen Franz Delitzsch und Wolf Wilhelm Graf Baudissin 1866–1890
44	*Reiner Haussherr, Bonn*	Michelangelos Kruzifixus für Vittoria Colonna. Bemerkungen zu Ikonographie und theologischer Deutung
45	*Gerd Kleinheyer, Regensburg*	Zur Rechtsgestalt von Akkusationsprozeß und peinlicher Frage im frühen 17. Jahrhundert. Ein Regensburger Anklageprozeß vor dem Reichshofrat. Anhang: Der Statt Regenspurg Peinliche Gerichtsordnung
46	*Heinrich Lausberg, Münster*	Das Sonett *Les Grenades* von Paul Valéry
47	*Jochen Schröder, Bonn*	Internationale Zuständigkeit. Entwurf eines Systems von Zuständigkeitsinteressen im zwischenstaatlichen Privatverfahrensrecht aufgrund rechtshistorischer, rechtsvergleichender und rechtspolitischer Betrachtungen
48	*Günther Stökl, Köln*	Testament und Siegel Ivans IV.
49	*Michael Weiers, Bonn*	Die Sprache der Moghol der Provinz Herat in Afghanistan
50	*Walther Heissig (Hrsg.), Bonn*	Schriftliche Quellen in Mogolī. 1. Teil: Texte in Faksimile
51	*Thea Buyken, Köln*	Die Constitutionen von Melfi und das Jus Francorum
52	*Jörg-Ulrich Fechner, Bochum*	Erfahrene und erfundene Landschaft. Aurelio de' Giorgi Bertòlas Deutschlandbild und die Begründung der Rheinromantik
53	*Johann Schwartzkopff (Red.), Bochum*	Symposium ‚Mechanoreception'
54	*Richard Glasser, Neustadt a. d. Weinstr.*	Über den Begriff des Oberflächlichen in der Romania
55	*Elmar Edel, Bonn*	Die Felsgräbernekropole der Qubbet el Hawa bei Assuan. II. Abteilung. Die althieratischen Topfaufschriften aus den Grabungsjahren 1972 und 1973
56	*Harald von Petrikovits, Bonn*	Die Innenbauten römischer Legionslager während der Prinzipatszeit
57	*Harm P. Westermann u. a., Bielefeld*	Einstufige Juristenausbildung. Kolloquium über die Entwicklung und Erprobung des Modells im Land Nordrhein-Westfalen
58	*Herbert Hesmer, Bonn*	Leben und Werk von Dietrich Brandis (1824–1907) – Begründer der tropischen Forstwirtschaft. Förderer der forstlichen Entwicklung in den USA. Botaniker und Ökologe
59	*Michael Weiers, Bonn*	Schriftliche Quellen in Mogolī, 2. Teil: Bearbeitung der Texte
60	*Reiner Hausherr, Bonn*	Rembrandts Jacobssegen Überlegungen zur Deutung des Gemäldes in der Kasseler Galerie
61	*Heinrich Lausberg, Münster*	Der Hymnus ›Ave maris stella‹
62	*Michael Weiers, Bonn*	Schriftliche Quellen in Mogolī, 3. Teil: Poesie der Mogholen
63	*Werner H. Hauss (Hrsg.), Münster, Robert W. Wissler, Chicago, Rolf Lehmann, Münster*	International Symposium 'State of Prevention and Therapy in Human Arteriosclerosis and in Animal Models'
64	*Heinrich Lausberg, Münster*	Der Hymnus ›Veni Creator Spiritus‹
65	*Nikolaus Himmelmann, Bonn*	Über Hirten-Genre in der antiken Kunst
66	*Elmar Edel, Bonn*	Die Felsgräbernekropole der Qubbet el Hawa bei Assuan. Paläographie der althieratischen Gefäßaufschriften aus den Grabungsjahren 1960 bis 1973
67	*Elmar Edel, Bonn*	Hieroglyphische Inschriften des Alten Reiches
68	*Wolfgang Ehrhardt, Athen*	Das akademische Kunstmuseum der Universität Bonn unter der Direktion von Friedrich Gottlieb Welcker und Otto Jahn

Sonderreihe

PAPYROLOGICA COLONIENSIA

Vol. I

Aloys Kehl, Köln — Der Psalmenkommentar von Tura, Quaternio IX

Vol. II

Erich Lüddeckens, Würzburg, P. Angelicus Kropp O. P., Klausen, Alfred Hermann und Manfred Weber, Köln — Demotische und Koptische Texte

Vol. III

Stephanie West, Oxford — The Ptolemaic Papyri of Homer

Vol. IV

Ursula Hagedorn und Dieter Hagedorn, Köln, Louise C. Youtie und Herbert C. Youtie, Ann Arbor — Das Archiv des Petaus (P. Petaus)

Vol. V

Angelo Geißen, Köln — Katalog Alexandrinischer Kaisermünzen der Sammlung des Instituts für Altertumskunde der Universität zu Köln
Band 1: Augustus-Trajan (Nr. 1–740)
Band 2: Hadrian-Antoninus Pius (Nr. 741–1994)
Band 3: Marc Aurel-Gallienus (Nr. 1995–3014)

Vol. VI

J. David Thomas, Durham — The epistrategos in Ptolemaic and Roman Egypt
Part 1: The Ptolemaic epistrategos
Part 2: The Roman epistrategos

Vol. VII — Kölner Papyri (P. Köln)

Bärbel Kramer und Robert Hübner (Bearb.), Köln — Band 1
Bärbel Kramer und Dieter Hagedorn (Bearb.), Köln — Band 2
Bärbel Kramer, Michael Erler, Dieter Hagedorn und Robert Hübner (Bearb.), Köln — Band 3
Bärbel Kramer, Cornelia Römer und Dieter Hagedorn (Bearb.), Köln — Band 4

Vol. VIII

Sayed Omar, Kairo — Das Archiv des Soterichos (P. Soterichos)

Vol. IX — Kölner ägyptische Papyri (P. Köln ägypt.)

Dieter Kurth, Heinz-Josef Thissen und Manfred Weber (Bearb.), Köln — Band 1

Vol. X

Jeffrey S. Rusten, Cambridge, Mass. — Dionysius Scytobrachion

Verzeichnisse sämtlicher Veröffentlichungen der
Rheinisch-Westfälischen Akademie der Wissenschaften können beim
Westdeutschen Verlag GmbH, Postfach 30 06 20, 5090 Leverkusen 3 (Opladen),
angefordert werden

GPSR Compliance
The European Union's (EU) General Product Safety Regulation (GPSR) is a set of rules that requires consumer products to be safe and our obligations to ensure this.

If you have any concerns about our products, you can contact us on

ProductSafety@springernature.com

In case Publisher is established outside the EU, the EU authorized representative is:

Springer Nature Customer Service Center GmbH
Europaplatz 3
69115 Heidelberg, Germany

www.ingramcontent.com/pod-product-compliance
Lightning Source LLC
LaVergne TN
LVHW082055051026
849532LV00011B/3599
* 9 7 8 3 5 3 1 0 7 2 6 2 3 *

Nordrhein-Westfälische Akademie der Wissenschaften

Geisteswissenschaften Vorträge · G 367

Herausgegeben von der
Nordrhein-Westfälischen Akademie der Wissenschaften

FRITZ OSSENBÜHL

Die Not des Gesetzgebers im naturwissenschaftlich-technischen Zeitalter

Westdeutscher Verlag

423. Sitzung am 17. November 1999 in Düsseldorf

Die Deutsche Bibliothek – CIP-Einheitsaufnahme

Ein Titeldatensatz für diese Publikation ist bei Der Deutschen Bibliothek erhältlich.

Der Westdeutsche Verlag ist ein Unternehmen der Fachverlagsgruppe BertelsmannSpringer.

Gedruckt auf säurefreiem Papier.
Herstellung: Westdeutscher Verlag

ISSN 0944-8810

ISBN 978-3-531-07367-5 ISBN 978-3-322-90066-1 (eBook)
DOI 10.1007/978-3-322-90066-1

Inhalt

Fritz Ossenbühl, Bonn
Die Not des Gesetzgebers im naturwissenschaftlich-technischen Zeitalter

I. Zum Themenbereich

Technik und Staat sowie Technik und Gesellschaft sind seit mehr als hundert Jahren bevorzugte Themen der Soziologie. Im Jahre 1961 hat *Helmut Schelsky* vor der Arbeitsgemeinschaft für Forschung des Landes Nordrhein-Westfalen über das Thema „Der Mensch in der wissenschaftlichen Zivilisation" gesprochen.[1] Zehn Jahre später erschien eine grundsätzliche Analyse aus dem Lager der Staatsrechtslehre. Sie stammt von *Ernst Forsthoff*, der den „Staat der Industriegesellschaft"[2] vor allem im Hinblick auf die Folgen und Auswirkungen für das überkommene Staatsbild untersucht hat und dabei der technischen Realisation ein Hauptgewicht beimißt. Beide Arbeiten vermitteln die Vision eines fundamentalen Wandels sowohl in der Existenz, Befindlichkeit und Mentalität des einzelnen Menschen wie auch in der Form und Funktion des Staates, soweit er diesen Wandel überhaupt überleben sollte. In neuerer Zeit hat vor allem der Schlüsselbegriff der „Risikogesellschaft"[3] beflügelnd gewirkt und einen weiteren Aspekt in den Vordergrund des Interesses gerückt, nämlich die Beziehungen und Verbindungen zwischen der Rechtsordnung einerseits und der naturwissenschaftlich-technischen Entwicklung andererseits.[4] Entsprechend der Geschwindigkeit der technischen Entwicklung ist der Begriff der „Risikogesellschaft" schon überlagert durch den modernen Begriff der „Informationsgesellschaft" resp. „Kommunikationsgesellschaft", der einen eher positiven, optimistischen Klang verbreitet. Die Technik erfaßt die Gesamtheit der einzelnen Person wie auch der Gesellschaft und des Staates und wird dementsprechend auch in dieser Breite diskutiert. Aus dieser breit angelegten, alle Lebensbereiche ergreifenden Diskussion möchte ich hier nur einen Ausschnitt behandeln und deshalb die Thematik am Anfang darauf eingrenzen.

[1] *Helmut Schelsky*, Der Mensch in der wissenschaftlichen Zivilisation, Arbeitsgemeinschaft für Forschung des Landes Nordrhein-Westfalen, Heft G 96, 1961.

[2] *Ernst Forsthoff*, Der Staat der Industriegesellschaft. Dargestellt am Beispiel der Bundesrepublik Deutschland, 1971; grundlegend: *Rolf Grawert*, Technischer Fortschritt in staatlicher Verantwortung, in: Festschrift für Johannes Broermann, 1982, S. 457 ff.

[3] *Ulrich Beck*, Risikogesellschaft. Auf dem Wege in eine andere Moderne, 1986.

[4] Vgl. *Grawert* (Fußnote 2), S. 466 ff.

Ansetzen kann man bei dieser Eingrenzung mit der naiv erscheinenden Frage, was uns eigentlich berechtigt, von einem naturwissenschaftlich-technischen Zeitalter zu sprechen. Gehören nicht Naturwissenschaft und Technik unabdingbar und von Anfang an zum menschlichen Dasein? Sind nicht beide natürliche Konsequenzen der Menschen als vernunftbegabter Wesen? – Hat es aber Naturwissenschaft und Technik immer schon gegeben, so muß sich das naturwissenschaftlich-technische Zeitalter durch eine zusätzliche Qualität auszeichnen. Diese besondere Qualität wird kurz gesagt darin erblickt, daß Naturwissenschaft und Technik nicht mehr nur der Bedürfnisbefriedigung des Menschen dienen, sondern daß der technische Prozeß sich um seiner selbst willen vollzieht. Die technische Realisation wird als ein Vorgang begriffen, der vom Menschen initiiert im gegenwärtigen Stadium unaufhaltsam und unumkehrbar weiterläuft, sich in neue bisher ungeahnte und unvorstellbare Dimensionen erstreckt und seinerseits die menschliche Existenz umformt. Nicht mehr der Mensch beherrscht die Technik, sondern die Technik beherrscht den Menschen.

Etwa in diesem schlagwortartig zusammengefaßten Resümee verläuft weithin die Diskussion. Und schon aus dieser Sicht drängt sich die Frage in den Vordergrund, wie denn diese selbsttätige Dominanz der Naturwissenschaft und Technik sich mit den demokratisch gebildeten Regeln des Verfassungsstaates vereinbaren läßt. Mit dieser Annäherung befinden wir uns schon fast in der Nachbarschaft unseres eigentlichen Themas, das aber noch weiterer Verdeutlichung bedarf.

Die Dominanz und Eigendynamik von Naturwissenschaft und Technik, so wie wir sie heute empfinden, war offenkundig lange Zeit unbewußt geblieben, ist jedenfalls von der Staatsrechtslehre nicht bewußt aufgegriffen worden. Die Vereinigung der Deutschen Staatsrechtslehrer, die die Staatsrechtslehre in Deutschland, Österreich und der Schweiz repräsentiert, hat sich im Jahre 1981 mit dem Thema „Gesetzgebung im Rechtsstaat“ aus der Sicht aller drei genannten Staaten befaßt.[5] Damals ist die Frage des Verhältnisses zwischen Technik und Recht in der Gesetzgebung nicht thematisiert worden – weder in den Referaten noch in der Diskussion, was dafür spricht, daß man dieses Thema damals noch nicht als Problem empfunden hat. Obwohl schon seinerzeit die Kerntechnologie als Musterbeispiel des naturwissenschaftlich-techni-

[5] *Kurt Eichenberger/Richard Novak/Michael Kloepfer*, Gesetzgebung im Rechtsstaat, VVDStRL 40 (1982), S. 7 ff. – Die hier gestellte Problematik ist dann erstmals ausdrücklich erörtert worden auf der Staatsrechtslehrertagung im Jahre 1989: *Jörn Ipsen/Dietrich Murswiek/Bernhard Schlink*, Die Bewältigung der wissenschaftlichen und technischen Entwicklungen durch das Verwaltungsrecht, VVDStRL 48 (1990), S. 177 ff., dort insbesondere *Ipsen*, S. 190 ff.

schen Zeitalters in ihren rechtlichen, namentlich auch verfassungsrechtlichen Implikationen bekannt war, ist die thematische Verbindung zur Gesetzgebung nicht explizit hergestellt worden. Erst die Diskussion um die Gentechnologie hat das hier zu erörternde Thema in voller Breite und Bewußtheit zum Gegenstand rechtlicher Auseinandersetzungen gemacht,[6] obwohl das von akademischer Seite vernachlässigte Arzneimittelrecht schon längst vorher die Aufmerksamkeit der Verfassungsjuristen hätte erregen können.[7]

In meinen Überlegungen geht es mir nicht darum, Ihnen alte oder neue Visionen über eine sog. Postmoderne oder eine Zweite Moderne im technischen Zeitalter zu vermitteln; auch nicht darum, wie sich die Existenz des einzelnen Menschen, seine Lebensanschauung, seine Mentalität, seine Bedürfnisse, seine Psyche, seine Wertvorstellungen verändern oder verändert haben; auch nicht darum, welche Konsequenzen sich für die Gesellschaft als Ganzes ergeben, sondern schwergewichtig darum, wie der parlamentarische Gesetzgeber, also jene Institution, die nach unserer Verfassungsordnung die wesentlichen Entscheidungen trifft, mit den Herausforderungen, die durch das naturwissenschaftlich-technische Zeitalter gestellt sind, fertig wird oder werden kann. Insoweit ist selbstredend die Frage mitberührt, inwieweit Naturwissenschaft und Technik die Staats- und Verfassungsordnung tangieren und verändern, eine Frage, die schon *Forsthoff* in aller Radikalität aufgeworfen und eher pessimistisch beantwortet hat[8] und die gerade in der Gegenwart zunehmend diskutiert wird.[9]

Meine Ausführungen werden sich in vier Abschnitten vollziehen. Zunächst geht es darum, wenigstens in groben Umrissen einen Befund dessen zu liefern, wodurch das naturwissenschaftlich-technische Zeitalter gekennzeichnet ist. In einem zweiten Abschnitt seien die Probleme dargestellt, in denen sich der Gesetzgeber befindet. In einem dritten Abschnitt geht es um Lösungswege und Mechanismen, die befolgt werden und dazu geeignet sind, der gestellten Regelungsprobleme Herr zu werden. Schließlich ist in einem vierten Abschnitt der Frage nachzugehen, ob unsere Verfassung die Herausforderungen des naturwissenschaftlich-technischen Zeitalters bestehen kann oder der Modifikation bedarf.

[6] Vgl. *Rainer Wahl*, Forschungs- und Anwendungskontrolle technischen Fortschritts als Staatsaufgabe? – dargestellt am Beispiel der Gentechnik, in: Breuer (Hrsg.), Gentechnikrecht und Umwelt, 6. Trierer Kolloquium zum Umwelt- und Technikrecht, UTR Band 14 (1990) S. 7 ff.; *Wolfgang Richter*, Gentechnologie als Regelungsgegenstand des technischen Sicherheitsrechts, 1989; grundlegend: *Dietrich Murswiek*, Die staatliche Verantwortung für die Risiken der Technik, 1985; *Udo Di Fabio*, Risikoentscheidungen im Rechtsstaat, 1994.

[7] Vgl. dazu *Udo Di Fabio*, Risikoentscheidungen im Rechtsstaat, 1994, S. 166 ff.

[8] *Ernst Forsthoff*, Der Staat der Industriegesellschaft, 1971, dessen erster Abschnitt die Überschrift trägt „Erinnerung an den Staat".

[9] Vgl. *Rudolf Steinberg*, Der ökologische Verfassungsstaat, 1998, S. 335 ff.

II. Besonderheiten der naturwissenschaftlich-technischen Entwicklung und ihre Anwendungsfelder

Vergegenwärtigen wir uns in einem ersten Schritt die Besonderheiten der modernen naturwissenschaftlich-technischen Entwicklung und ihre Anwendungsfelder, so läßt sich folgender Befund skizzieren.

Was die Besonderheiten der modernen Technik anbetrifft, so möchte ich vier Punkte hervorheben:[10]

Erstens die Steigerung der menschlichen Handlungsmöglichkeiten, die mit einer solchen Machtentfaltung über die Natur und einer solchen Kraft, die natürliche und soziale Umwelt zu verändern, verbunden ist, daß der Prozeß der wissenschaftlich-technischen Umgestaltung der Welt von Technikphilosophen mit Apostrophierungen wie beispielsweise „zweite Genesis" charakterisiert wird.

Zweitens ist es die Geschwindigkeit, mit der der Prozeß der naturwissenschaftlich-technischen Entwicklung abläuft und der uns allen in den kurzen Generationen von technischen Geräten und Anlagen bewußt ist. Ein Beispiel aus dem Chemiebereich: Nach einer Mitteilung der Bundesregierung[11] sind Schätzungen zufolge weltweit etwa 8 Millionen chemische Stoffe bekannt. Ihre Anzahl erhöht sich täglich um rund 1000 Substanzen. Etwa 60 000 Stoffe sind für die Instustrie von kommerzieller Bedeutung.

Drittens: Die aus der technischen Entwicklung und den neuen Technologien erwachsenden vielfältigen Risiken, Neben- und Folgewirkungen lassen sich nicht an Hand von Erfahrungssätzen ermitteln und abschätzen. Sie erfordern vielmehr einen hochspezialisierten Sachverstand. Vielfach lassen sich solche Gefahren auch nur vermuten. An die Stelle erfahrungsgemäß nachvollziehbarer Gefahren treten dann Risiken in Gestalt von hypothetischen Gefahren, deren Relevanz bewertet werden muß. Erfahrungswissen wird durch Ingenieurwissen ersetzt.

Viertens: Je weiter die Technik sich entwickelt und ausbreitet und sich der Erkenntnishorizont der Naturwissenschaften erweitert, um so mehr nimmt die Notwendigkeit staatlicher Schadensvorsorge zu. Denn erst mit der naturwissenschaftlich-technischen Entwicklung offenbaren sich neue Gefahren oder Risiken. Mehr noch: Es zeigt sich das scheinbare Paradoxon, daß sich Wissen und Nichtwissen zugleich vermehren und neue Handlungszwänge erzeugen. Denn mit jeder Erkenntnis werden Gefahren und Risiken denkbar,

[10] Vgl. dazu *Murswiek* (Fußnote 5), S. 208.

[11] Bundesumweltministerium (Hrsg.), Umweltschutz in Deutschland, 1992, S. 21.

über die wir nichts oder nicht genug wissen, gegen die aber möglicherweise Vorsorge getroffen werden muß.

Die Problem- und Anwendungsfelder, auf denen sich die Besonderheiten der modernen Technik zeigen, sind vor allem die Kerntechnologie und die Gentechnologie, aber auch die Telekommunikationstechnik, die Humangenetik und die Transplantationsmedizin sowie die Gefahrstoff-Chemie. Die juristische Problementwicklung befindet sich in diesen Bereichen auf einem unterschiedlichen Stand. Relativ weit entwickelt ist sie aufgrund jahrzehntelanger theoretischer Erörterung und vielfältiger Rechtsprechung auf dem Gebiet des Atomrechts, für das seit mehr als vierzig Jahren ein Bundesgesetz existiert. Grundlagen sind gelegt auch schon für den Bereich des Gentechnikrechts, für welches seit 1990 ein Gentechnikgesetz in Kraft ist. Noch ziemlich neu erscheinen demgegenüber die durch die explosive Entwicklung auf dem Gebiet der Telekommunikation entstandenen Probleme[12], vor allem deswegen, weil sie den nationalen Rahmen deutlich überschreiten.

Unterschiedlich ist nicht nur der Stand der Problementwicklung, sondern auch die Problemstruktur. Dies hat seine Ursache darin, daß die mit den jeweiligen Technologien verbundenen Gefahren und Risiken, auf die der Gesetzgeber reagieren muß, nur teilweise miteinander vergleichbar sind, aber im wesentlichen doch erhebliche Unterschiede aufweisen, die auch zu differenzierenden juristischen Abwägungen und Mechanismen zwingen.

Die dem Gesetzgeber durch die moderne Technik gestellte Aufgabe ist also durchaus heterogen, auch wenn sich in den Grundfragen die Problematik ganz ähnlich stellt.

III. Ursachen für die Not des Gesetzgebers

Die Not des Gesetzgebers im naturwissenschaftlich-technischen Zeitalter manifestiert sich vor allem darin, daß die zunehmende Geschwindigkeit des naturwissenschaftlich-technischen Entwicklungsprozesses zwar vermehrtes Wissen hervorbringt, aber damit nicht den gesellschaftlichen Regelungsbedarf verringert, sondern im Gegenteil erheblich erhöht. Gegenstand des Regelungsbedarfs sind naturwissenschaftlich-technisch imprägnierte Fragen und Probleme, deren Dimensionen vielleicht schon erkennbar sind, die aber noch keine fixierbaren Regelungen ermöglichen. Um es auf eine Kurzformel zu bringen: Der Regelungsbedarf nimmt im naturwissenschaftlich-technischen

[12] Vgl. *Friedrich Schoch/Hans-Heinrich Trute*, Öffentlich-rechtliche Rahmenbedingungen einer Informationsordnung, VVDStRL 57 (1998), S. 158 ff.

Zeitalter zu, die Regelungsmöglichkeit hingegen ab. Für die Gesetzgebung stellt sich dann die Frage, was geschehen kann, um die sich öffnende Schere zwischen zunehmendem Regelungsbedarf und abnehmender Regelungskraft wieder zu schließen.

Die Schere zwischen Regelungsbedarf und Regelungspotential hat ihre Ursache in dem Gegensatz, ja in der – jedenfalls teilweise – wesensmäßigen Unvereinbarkeit von Recht und Technik. Die verfassungsrechtliche Quadratur des Kreises besteht darin, mit den gegebenen verfassungsrechtlichen Instrumenten und Prozeduren Recht und Technik sinnvoll miteinander zu verbinden, und zwar so, daß beide ihre Eigenart bewahren. Diese Aufgabe erscheint so unmöglich wie die Verbindung von Feuer und Wasser. Und doch hängt von der Synthese zwischen Recht und Technik die Lebens- und Funktionsfähigkeit des Gemeinwesens entscheidend ab. Die unterschiedlichen Welten von Recht und Technik, die sich dem Betrachter darbieten, hat der Schweizer Rechtsgelehrte *Hans Huber* in seiner Rektoratsrede über das Thema „Das Recht im technischen Zeitalter" ebenso eindringlich wie meisterhaft zusammengefaßt:[13] „Zum Wesen des Rechts gehört Beständigkeit. Erfüllt von Vergangenheit will das Recht aus der Gegenwart heraus schon dem künftigen menschlichen Verhalten die Richtung weisen. Soll soziale Ordnung erzielt werden, so dürfen die Rechtsnormen nicht allzu flüchtig sein. Menschliches Tun und Lassen muß für eine längere Dauer denselben Regeln unterworfen sein. Neuem Recht müssen die Menschen sich angewöhnen, sie müssen es in ihr Bewußtsein aufnehmen können, es muß unter ihnen glaubhaft werden. Sodann will das Recht immer auch stabilisieren und erhalten. Ununterbrochener Revisionismus und ungehemmter Voluntarismus – die permanente Revolution – sind ihm zuwider."

Gerade dies ist aber jener Zustand, durch den die Technik gekennzeichnet ist. Naturwissenschaft und Technik befinden sich in ständiger Dynamik und führen in immer kürzeren Abständen zu immer neuen revolutionierenden Veränderungen der sozialen und menschlichen Umwelt. Beharrung, Stabilität, Rechtssicherheit, Dauerhaftigkeit als Wesenselemente und Ziele des Rechts scheinen mit der Dynamik der permanenten Revolution durch die Technik in einem unversöhnlichen Widerspruch zu stehen. Naturwissenschaft und Technik folgen einer unaufhaltsamen Eigendynamik, scheren sich nicht um das Recht. Das Recht kann das Tempo der Naturwissenschaft und Technik nicht mithalten; es kann Naturwissenschaft und Technik schon gar nicht den Weg weisen. Bei dem vielzitierten Wettlauf zwischen Recht und Technik hat das

[13] *Hans Huber*, Das Recht im technischen Zeitalter, in *derselbe*, Rechtstheorie, Verfassungsrecht, Völkerrecht, 1971, S., 57 ff.

Recht eine notorische Verspätung.[14] Das rechtliche Problem besteht darin, den Abstand zwischen Recht und Technik auf ein annehmbares Maß zu verkürzen.

Hinzu kommt aber ein zweites: „Das Recht ist eine normative und wertbezogene Ordnung."[15] Das Recht ist geprägt durch Begrenzung und Werterfüllung. Naturwissenschaft und Technik tragen solche Begrenzungen und Wertsetzungen in sich selbst nicht. Ihre Grenze ist das menschlich Mögliche. Die innere Grenze der Technik ist das technisch Machbare. Diese Grenze wird durch den expansiven Drang der Technik immer weiter nach vorn geschoben. Erst die Grenzenlosigkeit der Technik scheint ihr wiederum eine moralische Dimension einzufügen. Erst dort, wo die Technik die Menschenwürde verletzen kann, wie beispielsweise in der Humangenetik, stößt sie auf ihr an sich fremden ethischen Widerstand.

Die Schwierigkeiten, Zwangslagen, Dilemmata, die sich für den Gesetzgeber aus dem Wesensgegensatz zwischen Naturwissenschaft und Technik einerseits und Recht andererseits ergeben, hängen weitgehend davon ab, welche Position der Staat gegenüber Naturwissenschaft und Technik einnimmt.[16] Der Staat kann sich mit einer bestimmten Technologie oder einem bestimmten Wissenschaftszweig oder Technikbereich identifizieren, sich gleichsam zum „Herrn und Promotor des technischen Prozesses" machen, wie dies etwa die USA aus machtpolitischen Gründen mit der Raumfahrttechnik gemacht haben. Das Grundgesetz nimmt von der Technik keine Notiz[17]. Der Begriff „Technik" kommt im Verfassungstext nicht vor. Die Weimarer Verfassung hatte noch in Art. 158 Abs. 2 den „Schöpfungen der Wissenschaft, Kunst und Technik" Schutz angedeihen lassen. Das Grundgesetz hingegen stellt in Art. 5 Abs. 3 Kunst und Wissenschaft unter einen vorbehaltlosen, also besonders intensiven Grundrechtsschutz, erwähnt aber die Technik nicht. Dies weist auf größte Bewegungsfreiheit des Staates bei Regelungen der Technik hin. Beschränkungen ergeben sich außer durch die grundrechtlich verbürgte Wissenschaftsfreiheit nur indirekt aus anderen Grundrechtspositionen wie beispielsweise der Berufs- und Gewerbefreiheit gem. Art. 12 oder der Eigentumsgarantie des Art. 14 GG. Dieser streng normative Befund verdeckt allerdings, daß die För-

[14] *Michael Kloepfer*, Artikel „Technik", in: Herzog/Kunst/Schlaich (Hrsg.), Evangelisches Staatslexikon, Band 2, 3. Auflage, 1987, Sp. 3587; *Wilfried Berg*, Vom Wettlauf zwischen Recht und Technik, JZ 1985, 401 ff.; *Horst Sendler*, Ist das Umweltrecht normierbar?, UPR 1981, S. 91 f. („unwürdiger Hase- und Igelstreit").

[15] *Hans Huber* (Fußnote 13), S. 70.

[16] Vgl. *Forsthoff* (Fußnote 2), S. 42 ff.; *Grawert* (Fußnote 2), S. 462 ff.; *Köck*, Risikovorsorge als Staatsaufgabe, AöR 121 (1996), S. 1 ff. (8).

[17] *Dietrich Murswiek* (Fußnote 6), S. 22 beklagt die „Ignoranz des Grundgesetzes gegenüber der Technik". Vgl. auch *Rolf Grawert* (Fußnote 2), S. 457 ff. (473); *Josef Isensee*, Widerstand gegen den technischen Fortschritt, DÖV 1983, 565 ff. (569).

derung der Technik ein Anliegen des Staates sein kann und muß, wenn und soweit sie notwendig ist, um staatliche Aufgaben zu erfüllen.[18] So hat die Bundesrepublik Deutschland sich in den 50er Jahren ausdrücklich mit der Kerntechnologie identifiziert und diese Identifizierung bis zumindest Anfang der 90er Jahre beibehalten.[19] Nicht die Industrie war es, die aus eigenem Antrieb Kernkraftwerke erstrebt hätte. Aus unternehmerischer Sicht war eher ein Zögern zu verzeichnen, ob die zu erwartenden Kosten dem Nutzen entsprechen würden. Angesichts dieser Haltung war es der Staat, der die Initiative ergriff, weil er die Kerntechnologie unter dem Gesichtspunkt des Gemeinwohls für nützlich und wichtig erachtete. Dementsprechend ist auch bei der Formulierung der Zwecke des Atomgesetzes im Jahre 1959 die *Förderung* der Erforschung, Entwicklung und Nutzung der Kernenergie zu friedlichen Zwecken an die erste Stelle gesetzt worden; der *Schutzzweck* hingegen ist an die zweite Stelle getreten.

Identifiziert sich der Staat mit Naturwissenschaft und Technik, entstehen aus der Sicht der *Gesetzgebung* keine technik-spezifischen Probleme. Das Instrument zur Förderung von Wissenschaft und Technik ist erst in zweiter Linie das regelnde Gesetz, das sich überdies mit allgemein gehaltenen Förderungsklauseln begnügen kann. Staatliche Förderung von Wissenschaft und Technik geschieht durch Subventionierung von Forschungsvorhaben und technischen Investitionen oder Beteiligung an Pilotprojekten. Der Staat forscht sozusagen mit, macht keine Vorgaben, handelt selbst nach den Regeln von Wissenschaft und Technik, unterwirft sich dem Modus von *trial and error*, um Erkenntnisse zu gewinnen, die für die Verwirklichung des Gemeinwohls nützlich sein können.

Aber die Entwicklung von Naturwissenschaft und Technik hat auch noch eine andere Seite, die hier im Vordergrund stehen soll. Diese Seite betrifft die Gefahren, Risiken und Nachteile, die mit einer Technologie verbunden sind. Nach inzwischen feststehender Rechtsprechung resultieren aus den Grundrechtsgewährleistungen des Grundgesetzes nicht nur Abwehrrechte des einzelnen gegen den Staat, sondern auch Schutzpflichten des Staates gegenüber dem Bürger, die sich in Extremfällen zu gerichtlich verfolgbaren Schutzansprüchen verdichten können.[20] Diese verfassungsrechtlichen Schutzpflichten muß der parlamentarische Gesetzgeber beachten und in praktisch voll-

[18] Vgl. *Jörn Ipsen* (Fußnote 5), S. 178; *Grawert* (Fußnote 2), S. 477.

[19] *Radkau*, Aufstieg und Krise der deutschen Atomwirtschaft, 1983. Nach BT-Drs. 7/5682 betrugen die Förderleistungen des Bundes 1956 – 1975 rd. 16,5 Mrd. DM.

[20] *Josef Isensee*, Das Grundrecht als Abwehrrecht und Schutzpflicht, in: Isensee/Kirchhof (Hrsg.), Handbuch des Staatsrechts, Band V, 1992, § 111 Rn. 86 ff.; *Murswiek* (Fußnote 6), S. 88 ff.

ziehbares wirksames Recht umsetzen. Das heißt: Er muß Regelungen schaffen, die bei der Verwirklichung einer Technologie dafür Sorge tragen und gewährleisten, daß keine unzumutbaren Schäden an Leib, Leben oder Gesundheit der Bürger eintreten. Viele Technologien tragen Chancen und Risiken in sich. Dies zeigen exemplarisch die Kerntechnologie und die Gentechnologie. Damit ergibt sich für den Staat ein Abwägungsproblem dahin, wie er sich zu der jeweiligen Technologie verhalten soll.

Gleichgültig, ob sich der Staat mit einer Technologie identifiziert oder das Gegenteil tut, er muß in jedem Fall der ihm verfassungsrechtlich auferlegten Schutzpflicht nachkommen. Genau an dieser Stelle beginnt die Not des Gesetzgebers im naturwissenschaftlich-technischen Zeitalter – oder besser eine der Nöte, denn es ist nicht die einzige. Es stellen sich nämlich für ihn viele Fragen, die hellseherische Fähigkeiten erfordern oder gegenwärtig noch gar nicht zu beantworten sind.[21] Etwa die: Welche Risiken ergeben sich bei Verwirklichung einer Technologie? Gibt es für solche Risiken hinreichende Anhaltspunkte oder nur Vermutungen? Wie stark müssen die Anhaltspunkte sein, um auf solche wirklichen oder vermeintlichen Risiken gesetzgeberisch zu reagieren und Vorsorge zu treffen? Wenn denn ein Risiko definiert werden könnte, wie hoch ist dieses Risiko einzuschätzen? Wie ist der Wahrscheinlichkeitsgrad des Eintritts einer Verwirklichung des Risikos, d. h. des Eintritts von Schäden? Wie ist das Risiko zu bemessen? Beispielsweise: Wieviel radioaktive Strahlung, gemessen über welchen Zeitraum und welchen räumlichen Bereich, kann als unschädlich oder risikolos eingestuft werden? Welche Vorkehrungen sind zu treffen, um eine Kernenergieanlage gegen den sog. GAU (größten anzunehmenden Unfall) abzusichern? Vergleichbare Fragen stellen sich in veränderter, aber in der Problematik gleichen Form etwa für die Gentechnologie.

Wem ein solcher Berg von Fragen vorgesetzt wird, wird als erstes darüber nachdenken, ob er die gestellten Fragen überhaupt beantworten muß. Muß der Gesetzgeber bei jeder Eröffnung einer neuen Technologie tätig werden? Kann er den Dingen nicht freien Lauf lassen? Ist eine Technologie sozusagen erlaubnispflichtig? Muß man vor der Umsetzung einer neuen Technologie vom Staat ein Placet erhalten oder ist sie grundrechtlich geschützt?

Schon um diese unserem Problem noch gleichsam vorgelagerte Frage hat es in den letzten Jahren eine interessante Kontroverse gegeben. Auslöser war eine Entscheidung des Verwaltungsgerichtshofes Kassel aus dem Jahre 1989,[22] also zu einem Zeitpunkt, als das Gentechnikgesetz noch nicht erlassen worden war.

[21] Vgl. *Karl-Heinz Ladeur*, Das Umweltrecht der Wissensgesellschaft, 1995, S. 173 ff.; *Ossenbühl/Di Fabio*, Rechtliche Kontrolle ortsfester Mobilfunkanlagen, 1995, S. 58 ff.

[22] *VGH Kassel* NVwZ 1990, 276.

Im Streitfalle ging es um die Genehmigung zur Errichtung und zum Betrieb von Anlagen, in denen unter Verwendung gentechnisch veränderter Mikroorganismen ein Zwischenprodukt für die Herstellung von Humaninsulin gewonnen werden sollte. Der Verwaltungsgerichtshof Kassel hat das Resümee seiner Entscheidung in folgenden Sätzen zusammengefaßt: „Solange eine nur vom Gesetzgeber zu treffende Grundentscheidung für die Nutzung der Gentechnologie fehlt, können gentechnische Anlagen auch der hier in Rede stehenden Art nicht errichtet und betrieben werden. Erst nach einer parlamentarischen Leitentscheidung über das „Ob“ der Zulässigkeit dieser Technologie schlechthin stellt sich die Frage nach dem „Wie“ eines Betriebes im Einzelfall.“ – Zur Begründung wird auf die aus den Grundrechten resultierenden staatlichen Schutzpflichten hingewiesen, deren Nichterfüllung sich als Grundrechtsverletzung darstellt. Der Staat müsse den Bürger vor den Risiken der Freisetzung lebender Organismen schützen. Dieser Schutz habe Vorrang vor den Grundrechten der Forschungsfreiheit, Berufs- und Gewerbefreiheit und der Eigentumsgarantie. Bei Technologien, die Schäden größten Ausmaßes oder irreversible Schäden nach sich ziehen könnten, wie die Kerntechnologie und Biotechnologie, insbesondere die Gentechnologie, dürfe der Staat nicht erst eingreifen, wenn das Kind schon in den Brunnen gefallen sei.

Die Entscheidung des Verwaltungsgerichtshofes Kassel ist einhellig abgelehnt worden, weil sie das System des Grundrechtsschutzes auf den Kopf stellt, indem sie die aus den Grundrechtsgewährleistungen resultierende objektiv-rechtliche Dimension der Schutzpflicht dem subjektiven Grundrechtsgehalt in Gestalt des Abwehrrechts überordnet.[23] Aber die Entscheidung zeigt immerhin doch die Dimension des Problems auf, vor dem der Staat, speziell der Gesetzgeber, steht, wenn sich in Gesellschaft und Wirtschaft, also außerhalb institutionalisierter Staatlichkeit, eine neue Technologie abzeichnet.[24] Bedarf diese Technologie keiner besonderen staatlichen Zulassung, so ist doch allseits unbestritten, daß der Staat Vorsorge gegen Risiken treffen muß. Und es liegt nahe, daß diese Vorsorge gegen Risiken zu allererst vom Gesetzgeber selbst zu treffen ist, weil ja letztlich fundamentale Grundrechtspositionen und existentielle Rechtsgüter auf dem Spiele stehen und nach der anerkannten Aufgabenverteilung zwischen Legislative und Exekutive die für das Gemeinwesen wesentlichen Entscheidungen vom Gesetzgeber zu treffen sind und nicht der Exekutive überlassen werden dürfen.

[23] Vgl. *Wahl/Masing*, Schutz durch Eingriff, JZ 1990, 553 (554 ff.); *Sendler*, Gesetzes- und Richtervorbehalt im Gentechnikrecht, NVwZ 1990, 231; *Lothar Determann*, Neue, gefahrverdächtige Technologien als Rechtsproblem, Beispiel: Mobilfunk-Sendeanlagen, 1996, S. 209 mit zahlreichen weiteren Nachweisen.

[24] Vgl. *Ossenbühl/Di Fabio*, Rechtliche Kontrolle ortsfester Mobilfunkanlagen, 1995, S. 57 ff.

Noch am wenigsten Probleme scheinen zu bestehen, wenn eine bestimmte Technologie ganz verboten wird, weil sie schon als solche mit der Menschenwürde unvereinbar ist. Dies gilt etwa für das Embryonenschutzgesetz von 1990,[25] welches die gentechnische Veränderung menschlicher Keimbahnzellen und andere mißbräuchliche Techniken unter Strafe stellt. Wie lange dieses Verbotsgesetz hält, scheint nun allerdings nicht ausgemacht. Denn in der Gegenwart liest man von den „Schwierigkeiten eines Wettlaufs zwischen Bioethik und Genetik“, der partiell sich zugunsten der Genetik wenden kann, weil sich mit jeder neuen Entdeckung das Verhältnis von Nutzen und Gefahren in nicht exakt prognostizierbarer Weise ändern kann.[26] So wird beispielsweise auf die zunehmend diskutierte Frage der Präimplantationsdiagnostik (PID) hingewiesen. Durch die PID ist es möglich geworden, *in vitro* befruchtete Eizellen am zweiten oder dritten Tag ihrer Entwicklung zu einem implantationsfähigen Embryo auf ihre genetische Beschaffenheit hin zu testen und sie gegebenenfalls zu verwerfen, sofern eine in der Familie bekannte Erbkrankheit verifiziert werden könnte. Diese Diagnostik könnte jedoch an § 6 des Embryonenschutzgesetzes scheitern, weil sie die Abspaltung einer in der Regel gerade noch totipotenten Zelle aus dem 8–10-Zellenstadium der Morula erfordert. Inzwischen ist jedoch durch Forschungen erhärtet, daß Blastomeren jenseits des 8-Zellenstadiums praktisch nicht mehr totipotent sind, so daß der Embryonenschutz neu oder ergänzend formuliert werden müßte.

Hier ergibt sich also die umgekehrte Konstellation, daß das Recht der Technik vorausgeht, aber von der Forschung wieder eingeholt wird und sich korrigieren oder bestätigen muß. Denn die Forschung bleibt von der hier gestellten Problematik, wie der Gesetzgeber sich auf eine neue Technologie einstellen soll, grundsätzlich unberührt. Dies zeigt etwa das zweite anstehende Verbotsgesetz in Gestalt eines Kernenergieausstiegsgesetzes. Ein solches Gesetz, welches eine Kehrtwende des Staates gegenüber dieser Technologie um 180 Grad bedeutet, beträfe nur die kommerziellen Reaktoren, nicht aber die Forschungsreaktoren, weil letztere unter dem verfassungsrechtlichen Schutz der Forschungsfreiheit stehen, die im Gegensatz zur Berufs- und Gewerbefreiheit schrankenlos gewährleistet ist und demzufolge nur ganz ausnahmsweise, etwa unter Berufung auf die Menschenwürde, Beschränkungen unterworfen werden kann.

[25] Gesetz zum Schutz von Embryonen (Embryonenschutzgesetz – ESchG), BGBl. I 1990, 2746.

[26] *Axel Bauer*, Auf der schiefen Bahn zum Designer-Baby, F.A.Z. vom 20. Oktober 1999 Nr. 244 Seite 54; zur Bioethik-Konven-tion des Europarates und der Einwirkung auf die deutsche Rechtslage: *Christian Poplutz*, Offene Fragen rund um die Bioethik-Konvention, Zeitschrift für Lebensrecht, 1998, 6 ff.

Kehren wir zurück zu dem eigentlichen Problemfall einer nicht verbotenen, aber mit Risiken behafteten Technologie, wofür die Kerntechnologie und auch die Gentechnologie als Beispiele genannt seien.

Steht eine Technologie noch am Anfang ihrer Entwicklung, so ist es entweder unmöglich oder unzweckmäßig, schon jetzt technische Regeln aufzustellen, die dem Schutz vor Risiken der betreffenden Technologie dienen sollen. Selbstredend werden sich solche Regeln als vorläufige technische Regeln herausbilden, die im Fortgang der Entwicklung korrigiert oder verfeinert werden. Ihre Placierung in einem parlamentsbeschlossenen Gesetz würde aber rechtlich dazu führen, daß diese Regeln in Allgemeinverbindlichkeit erwüchsen und von jedermann befolgt werden müßten, bis sie förmlich wieder aufgehoben und durch neue Regeln ersetzt wären, auch wenn sie inzwischen veraltet sind. Hier drückt sich das aus, was schon früher als die notorische Verspätung des Rechts gegenüber der Technik apostrophiert worden ist. „Selbst in den seltenen Fällen, in denen ein technischer Erkenntnis- und Entwicklungsstand vorerst abgeschlossen erscheint, ist es ihm (dem Gesetzgeber) wegen der vielschichtigen und verzweigten Probleme technischer Fragen und Verfahren in der Regel nicht möglich, sämtliche sicherheitstechnischen Anforderungen, denen die jeweiligen Anlagen oder Gegenstände genügen sollen, bis ins einzelne festzulegen.“[27]

Der Schutz, den der Gesetzgeber dem Bürger vor den Risiken einer neuen Technologie durch Gesetz gewähren könnte, wäre mithin ein den technischen Möglichkeiten nachhinkender Schutz, ein Schutz, der nicht auf der jeweiligen Höhe der technischen Entwicklung stünde. Ein mit der technischen Entwicklung synchronisierter Schutz, ein sog. dynamischer Grundrechtsschutz, wie ihn das Bundesverfassungsgericht fordert,[28] ist also mit dem parlamentarischen Gesetz nicht erreichbar. Die Entscheidung über Höhe und Qualität des Schutzes muß deshalb im wesentlichen außerhalb des förmlichen Gesetzes fallen, obwohl – und dies ist die verfassungsrechtliche Pointe – die Schutzentscheidung wegen ihres praktischen Gewichts von der Idee der Verfassung her als wesentliche Entscheidung dem parlamentarischen Gesetzgeber zugeordnet ist. Das technische Sicherheitsrecht ist also genau betrachtet jedenfalls in großen Teilen „gesetzesfeindlich“. Dies bedeutet, daß das parlamentsbeschlossene Gesetz sowohl aufgrund seiner prozeduralen Besonderheiten wie auch der prinzipiell auf Allgemeinverbindlichkeit und Dauer angelegten Inhalte als Schutzinstrument gegen Risiken neuer Technologien weithin untauglich ist.

[27] *BVerfGE* 49, 89 (134).
[28] *BVerfGE* 49, 89 (137 ff., 140).

Die erste sich ergebende logische Konsequenz dieses Befundes ist die, daß die Festlegungen für den Schutz vor Risiken aus dem Gesetz herausgenommen und auf andere Stellen verlagert werden müssen. Das Gesetz verschweigt sich zum Schutz nicht völlig, beschränkt sich aber auf hoch abstrakte allgemein gehaltene Klauseln wie etwa der, daß die nach dem Stand von Wissenschaft und Technik erforderliche Vorsorge gegen Gefährdungen zu treffen sei, ohne nähere Aussagen hinzuzufügen, wie diese Vorsorge auszusehen hat und welche Gefährdungen als relevant einzuschätzen sind.

Gefahrenprognosen werden also nicht durch generelle Normprogramme definiert und determiniert, sondern können nur in der konkret-individuellen Situation endgültig getroffen werden, unter Berücksichtigung der jeweiligen Umstände des Einzelfalles. Dies hat für die Struktur der Rechtsordnung gewaltige Konsequenzen. Denn der archimedische Punkt, von dem aus das Recht zu finden ist, liegt jetzt nicht mehr im Gesetz, in einer vorgegebenen Norm, sondern in den Umständen des Einzelfalles, resultiert eher aus den Fakten als aus abstrakten Entscheidungskriterien. Die Abwägung im Einzelfall tritt an die Stelle genereller Gesetzgebung. Der Gesetzgebungsstaat wird durch den „Abwägungsstaat" abgelöst.[29]

Diese Wesensveränderung und Strukturverschiebung der Rechtsordnung, die durch die Gegebenheiten der Technik verursacht werden, breiten sich auf andere Felder aus. Trifft es zu, daß die Technik „indifferent ist gegenüber dem Humanen", wie *Forsthoff* es ausgedrückt hat, und daß sie einen „Abbau geistiger Gehalte und Traditionen" im Gefolge hat,[30] so hat der damit verbundene Wert- und Konsensverlust auch tiefgreifende Auswirkungen auf die übrige Rechtsordnung, die nicht unmittelbar durch die Technik berührt ist. Denn Werteabbau und Verluste im Grundkonsens bedeuten im Recht die Zerstörung von Prinzipien und Grundsätzen, in denen sich Grundkonsens ausdrückt. Der Verlust von Grundprinzipien führt zu einer kopernikanischen Wende im Rechtssystem. An die Stelle von festen Regel-Ausnahme-Systemen, unter welche Sachverhalte subsumiert werden können, treten Einzelfallabwägungen, die nach dem Regulativ der Konkordanz ablaufen. Abgewogen werden nicht mehr abstrakte Werte, Güter und Prinzipien, sondern konkret-individuelle Umstände des Einzelfalles.[31] Fällt die Entscheidung in der konkreten Einzelfallabwägung, so verliert entsprechend das Gesetz seine regulierende und bestimmende Kraft und verblaßt zum bloßen Ordnungsrahmen.

[29] *Walter Leisner*, Der Abwägungsstaat, 1997.

[30] *Forsthoff* (Fußnote 2); S. 45, 47.

[31] Vgl. *Fritz Ossenbühl*, Abwägung im Verfassungsstaat, DVBl. 1995, 904 ff.

Ob das Kopftuch der Muslimin im Klassenzimmer zulässig ist oder nicht, wird dann nicht mehr mit Ja oder Nein beantwortet, sondern davon abhängig gemacht, ob das Kopftuch offensiv missionierend instrumentalisiert wird oder wie ein bloßes Kleidungsstück wirkt.

Nochmals in wenigen Sätzen zusammengefaßt, besteht die Not des Gesetzgebers im naturwissenschaftlich-technischen Zeitalter also namentlich in folgenden Punkten:

Erstens in der besonderen und gegenüber anderen Materien gesteigerten Komplexität neuer Technologien, zu denen der Staat eine Position einnehmen muß, und zwar in erster Linie durch Gesetzgebung, sei es, daß er sich mit der Technologie identifiziert, die Technologie verbietet oder sich auf den Standpunkt des *laissez faire* stellt. In jedem Falle bedarf seine Entscheidung einer Abwägung von Chancen und Risiken.

Zweitens besteht die Not des Gesetzgebers darin, daß er mit seinen Regelungen im allgemeinen hinter der technischen Entwicklung herhinkt, nur mit notorischer Verspätung reagieren kann, mit anderen Worten die Politik in Abhängigkeit von der Technik gerät.

Drittens liegt das Dilemma des Gesetzgebers darin, eine Entscheidung treffen zu sollen, ohne daß für diese Entscheidung bereits ausreichende Erkenntnisse oder Erfahrungen vorliegen. Verlangt werden Risikoentscheidungen, die durch Ungewißheit der Sachlage gekennzeichnet sind.

Viertens schließlich verlangt die stürmische naturwissenschaftlich-technische Entwicklung ein schnelles und flexibles Reagieren, auf welches die Prozeduren des Gesetzgebungsverfahrens nicht eingestellt sind.

Vor diesem Hintergrund drängt sich freilich als erstes die Frage auf, ob das Gesetz als die überkommene verfassungsrechtliche Form von Gemeinschaftsregelungen für den Bereich der Technik abgedankt hat und insgesamt durch andere Regelungsformen ersetzt werden muß.

In der Staatsrechtslehre wird nach wie vor das Gesetz als „die Achse der rechtsstaatlichen Verfassung" apostrophiert.[32] Anderen gilt das Gesetz als „der Eckstein des neuen Staatsrechts".[33] Das Gesetz wird sowohl als Wesenselement der Demokratie wie auch des Rechtsstaates gefeiert; es bildet die Klammer, die Demokratie und Rechtsstaat zum demokratischen Rechtsstaat verbindet.[34]

[32] *Ernst-Wolfgang Böckenförde*, Entstehung und Wandel des Rechtsstaatsbegriffs, in: Festschrift für Adolf Arndt, 1969, S. 53 ff. (58); abgedruckt in *derselbe*, Staat, Gesellschaft, Freiheit, 1976, S. 65 ff. (69 f.).

[33] *Peter Badura*, Planung durch Gesetz, in: Festschrift für Hans Huber, 1981, S. 15 ff.

[34] *Kurt Eichenberger*, Gesetzgebung im Rechtsstaat, VVDStRL 40 (1982), S. 7 ff. (10).

Diese Würdigungen und Lobpreisungen des Gesetzes sind aus der Sicht des Verfassungssystems des demokratischen Rechtsstaates ohne Zweifel gültig und insoweit unbestritten. Aber haben sie auch noch Geltung für den Bereich der Technik? Sind die aus der konstitutionellen Epoche überkommenen Prinzipien und Instrumente staatlicher Herrschaft im naturwissenschaftlich-technischen Zeitalter noch voll verwendbar? Sind sie den neuen Aufgabenstellungen und Herausforderungen überhaupt noch adäquat? Oder muß man zu dem Ergebnis kommen, daß die neuen Regelungsgegenstände durch die überkommenen Regelungsformen, namentlich das parlamentsbeschlossene Gesetz, nicht mehr voll aufgefangen und bewältigt werden können? Gilt hier nicht das alte Bibelwort: „Man füllt nicht jungen Wein in alte Schläuche; sonst zerreißen die Schläuche, und der Wein wird verschüttet, und die Schläuche kommen um. Sondern man füllt jungen Wein in neue Schläuche, so werden sie beide miteinander erhalten" (Matthäus 9,17). Nimmt also nicht nur das grundgesetzliche Regelungssystem Schaden, sondern auch die Technik, wenn man den jungen Wein des Technikrechts in die alten Schläuche des parlamentsbeschlossenen Gesetzes füllt? Kommen nicht auf diese Weise beide miteinander um, sowohl das Gesetz als auch die Technik?

Die Gesetzeslehre des 19. Jahrhunderts hat das Gesetz „vor allem in seiner Funktion innerhalb der Rechtsordnung und ohne Zusammenhang mit der politischen Entwicklung" gesehen.[35] Im Gesetz drückten sich die dauerhaften Grundsätze und Wertvorstellungen der Gemeinschaft als Rechtsnormen aus. Dem Vorstellungsbild des Gesetzes entsprach die Kodifikation als tragendes und bleibendes Fundament der Rechtsordnung. Aber das Gesetz ist heute nicht mehr nur „bleibender Ausdruck sozialethischer und – ihr folgend – rechtlicher Bewertung menschlicher Handlungen", sondern es ist schon im vorausgehenden Sozialstaat auch und insbesondere „Instrument zur Steuerung gesellschaftlicher Prozesse nach soziologischen Erkenntnissen und Prognosen."[36] Das Gesetz und das Gesetzgebungsverfahren, so wie es im Grundgesetz in Anknüpfung an frühere Verfassungen angelegt ist, orientiert sich jedoch an der alten Gesetzeslehre des 19. Jahrhunderts, hat das Rechtsgesetz im Sinn, nicht das Steuerungsgesetz. Daraus ergeben sich zwangsläufig Friktionen, die mit Abstrichen und Umorientierungen im Rechtssystem, ja auch im Verfassungssystem verbunden sind. Die Frage ist nur, ob diese Umorien-

[35] *Ulrich Scheuner*, Die Funktion des Gesetzes im Sozialstaat, in: Festschrift für Hans Huber, 1981, S. 127 ff. (130); zu den Gegenstandsbereichen der Gesetzgebung im 19. Jahrhundert: *Rolf Grawert*, Gesetzgebung im Wirkungszusammenhang konstitutioneller Regierung, Der Staat, Beiheft 7, 1984, S. 113 ff. (126 ff.).

[36] *BVerfGE* 39, 1 (59).

tierungen sich noch im Wege der extensiven zeitgemäßen Auslegung der Verfassung zwanglos bewältigen lassen oder ob sie an die Grenzen legitimer Verfassungswandlungen durch Uminterpretation stoßen und sich dann eine breite Grauzone brauchbarer Illegalität auftut.

IV. Lösungswege und Mechanismen zur Bewältigung der Probleme des Technikrechts

Wenn sich im Rechtssystem Defizite oder Unebenheiten zeigen, ist es guter Brauch, nicht gleich das ganze System zu verwerfen oder in Frage zu stellen, sondern zu versuchen, mit einer konventionellen Therapie Abhilfe zu schaffen. So ist es denn ganz normal, wenn versucht wird, durch verschiedene Aushilfen und Modifikationen zunächst auf der Gesetzesebene selbst der Probleme Herr zu werden. Für den Bereich der legislativen Entscheidungsbildung ist insoweit hinzuweisen auf das überkommene Institut der Enquete-Kommissionen, die von jeher immer auch dazu gedacht waren, den Gesetzgeber bei seiner Aufgabe durch sachverständige Aufklärung von Sachverhalten zu unterstützen. Vorbildhaft erscheint insoweit etwa für den hier interessierenden technischen Bereich die Enquete-Kommission des Deutschen Bundestages „Chancen und Risiken der Gentechnologie",[37] die aus Abgeordneten und Sachverständigen bestand und in einem umfangreichen Bericht die Grundlagen für das Gentechnikgesetz erarbeitet hat. „Enquete-Kommissionen sollen z. B. dort, wo es einen Grundkonsens über eine Technik nicht gibt, in möglichst vertrauensbildender Weise die Grundlagen für eine rationale Diskussion bieten und darlegen, wo hinreichend gesichertes Wissen vorhanden ist, wo offene Probleme bestehen, welches die alternativen Optionen mit ihren Vor- und Nachteilen sind."[38]

In diesen Zusammenhang gehört auch die Technikfolgenabschätzung, die inzwischen nach langem Hin und Her auch eine institutionelle Grundlage im „Büro für Technikfolgenabschätzung" am Sitz des Bundestages als neues Instrument der Politikberatung gefunden hat.

Des weiteren sind auf der instrumentellen Ebene eine Reihe von neuartigen Gesetzestypen entweder schon etabliert oder vorgeschlagen worden, die sich inhaltlich an die durch die Technik gestellten Anforderungen anpassen. Zu ihnen gehören namentlich Maßnahmegesetze, Moratoriumsgesetze, experi-

[37] BT-Drs. 10/657.

[38] *Wahl* (Fußnote 6), S. 15.

mentelle Gesetze, befristete Gesetze.[39] Maßnahmegesetze, mit denen der Gesetzgeber auf Einzelfälle reagiert, sind seit langem bekannt[40] und keineswegs für den Bereich der Technik erfunden worden, aber hier doch vielleicht verwendbar. Experimentelle Gesetze „zielen auf die materielle Rationalisierung der Gesetzgebung durch die Erweiterung der Erfahrungen in bezug auf die rechtssetzungsrelevanten Daten über Wirkungsweisen und Wirkungen von Rechtsetzungsakten, indem sie zum Zwecke der nachfolgenden Implementation die Auswirkungen einer geplanten Regelung im Vorfeld ihres auf Dauer angelegten Erlasses planmäßig und rational zu erfassen suchen".[41] Solche experimentellen oder erprobenden Gesetze sind insbesondere im Entwicklungsprozeß der Telekommunikation erlassen worden, als Bildschirmtextversuchsgesetze, als vorläufige Weiterverbreitungsgesetze im Bereich des Kabel- und Satellitenrundfunks und als Kabelpilotprojekt- und sonstige Medienerprobungsgesetze. Verwandt, aber doch um eine Nuance unterschieden vom Erprobungsgesetz ist das im Schrifttum vorgeschlagene Moratoriumsgesetz, welches dadurch gekennzeichnet ist, daß der Staat eine bestimmte Technologie vorläufig verbietet, zugleich aber eine staatliche Organisation schafft, um die mit der Technologie verbundenen Risiken zu erforschen und festzustellen, ob die betreffende Technologie nach der Chancen-Nutzen-Abwägung akzeptabel ist. Es wird darauf hingewiesen, daß nach diesem Modell beispielsweise die Prozedur betreffend Gentechnik abgelaufen sei, weil dort der Gesetzgebung ein freiwilliges Moratorium der Wissenschaftler vorausgegangen sei.[42]

Schließlich ist auf der Gesetzesebene für das Stadium nach Erlaß eines Gesetzes durch die Rechtsprechung des Bundesverfassungsgerichts ein inzwischen differenziertes System von Überwachungs-, Kontroll-, Anpassungs- und Nachbesserungspflichten des Gesetzgebers kreiert worden.[43] Der Gesetzgeber kann seine Gesetze also nicht mehr für immer „verabschieden", sondern er ist verfassungsrechtlich gehalten, seine Regelungen auch weiterhin zu beobachten und gegebenenfalls zu korrigieren oder wieder ganz aufzuheben.

Diese auf der Gesetzesebene etablierten und diskutierten Aushilfen sind jedoch unzureichend, um insbesondere *einen* Mißstand zu beheben, nämlich den Abstand zwischen technischer Entwicklung und rechtlicher Regelung, die notorisch zu spät kommen muß. Gerade an dieser Stelle tut sich aber eine emp-

[39] Vgl. *Wahl* (Fußnote 6), S. 20; *Kloepfer* (Fußnote 5), S. 91 ff.; *Hans-Detlef Horn*, Experimentelle Gesetzgebung unter dem Grundgesetz, 1989; *Antonis Chanos*, Möglichkeiten und Grenzen der Befristung parlamentarischer Gesetzgebung, 1999.

[40] *Klaus Stern*, Das Staatsrecht und Bundesrepublik Deutschland, Band I, 2. Auflage, 1984, S. 827.

[41] *Horn* (Fußnote 39), S. 23.

[42] Vgl. *Wahl* (Fußnote 6), S. 22.

[43] *Christian Mayer*, Die Nachbesserungspflicht des Gesetzgebers, 1996.

findliche Schutzlücke auf, wenn es nicht gelingt, den neuesten Stand der Technik zum Maßstab für rechtlich gebotene Sicherheitsvorkehrungen allgemeinverbindlich zu machen. Da dies, wie gezeigt, auf der Gesetzesebene nicht gelingen kann, kann eine Lösung nur gefunden werden, indem man die Regelungsebene wechselt. Nach geltendem Verfassungsrecht steht neben dem parlamentsbeschlossenen Gesetz als weiteres Regelungsinstrument mit rechtlicher Allgemeinverbindlichkeit nur noch die Rechtsverordnung zur Verfügung. Rechtsverordnungen dienen nach dem grundgesetzlichen Regelungssystem als exekutive Rechtsetzungen der Konkretisierung und Ausführung von Gesetzen. Sie sollen ihrerseits den parlamentarischen Gesetzgeber von nachrangigen Detailregelungen und ephemeren Anordnungen entlasten, aber nicht an die Stelle von Gesetzen treten oder dem Parlament die Arbeit abnehmen. Nach der Idee und den ausdrücklichen Regelungen des Grundgesetzes sollen die wesentlichen und tragenden Entscheidungen beim Parlament verbleiben und nicht auf die Exekutive verlagert werden dürfen.[44]

Aber wie soll sich dieses Verfassungsverbot mit dem Umstand vertragen, daß der Gesetzgeber selbst mangels näherer Kenntnisse (noch) keine Entscheidung treffen kann? Was der Gesetzgeber nicht regeln kann, kann im allgemeinen auch die Regierung nicht ordnen. Deshalb ist es verständlich und geradezu zwingend, daß die Exekutive in neuen Technikbereichen nicht mit dem Instrument der Rechtsverordnung hantiert, die ihrerseits ebenso wie das parlamentsbeschlossene Gesetz Allgemeinverbindlichkeit auslöst, sondern zu einem anderen Instrument greift, welches ihr mehr Flexibilität verleiht, nämlich der Verwaltungsvorschrift, die jedoch nicht mehr zu den klassischen Rechtsquellen zählt.[45] Die Exekutive kann diese Vorschriften jederzeit ändern und sie erzeugen keine Allgemeinverbindlichkeit. In solchen Verwaltungsvorschriften kann die Exekutive mit vorläufigen Regeln und Erkenntnissen anfangen und diese kontinuierlich fortschreiben, bis sich ein gesicherter Bestand an technischem Wissen angesammelt hat, der weitere konkretere Ausformungen von technischen Regeln und Anforderungen ermöglicht.

Aber, und damit komme ich zur dritten Variante einer Aushilfe, auch der Inhalt von Verwaltungsvorschriften kann bei neuen Technologien nicht von der Exekutive stammen, denn dort ist ein entsprechender Sachverstand nicht angesiedelt. Die Ministerien sind im allgemeinen für rechtliche Regelungen mit speziellem technischen Inhalt nicht gerüstet. Sie legen sich deshalb Sachverständigenkommissionen zu, die sie beraten und Empfehlungen für Regelungen

[44] Vgl. *Fritz Ossenbühl*, Vorrang und Vorbehalt des Gesetzes, in: Isensee/Kirchhof (Hrsg.), Handbuch des Staatsrechts, Band III, 1989, § 62 Rn. 7 ff.

[45] Vgl. *Ossenbühl*, in: Erichsen, Allgemeines Verwaltungsrecht, 11. Auflage, 1998, § 6 V.

aussprechen. Damit verlagert sich letztlich die Festlegung der Schutzstandards außerhalb der genuinen staatlichen Rechtsetzung. Dies zeigen auch die Formulierungen der einschlägigen Gesetze, die für das Maß der Risikovorsorge regelmäßig auf den jeweiligen Stand der Technik, zuweilen von Wissenschaft und Technik verweisen. Diese Verweisung auf metarechtliche Normen und Standards synchronisiert den Schutz und die Vorsorge gegen Risiken mit dem Fortschritt der wissenschaftlichen und technischen Entwicklung, ist aber naturgemäß mit erheblichen Feststellungs- und Anwendungsproblemen verbunden.[46]

Der Befund ist am Ende jedenfalls ein solcher, der mit dem bisher für richtig gehaltenen Grundmodus des verfassungsrechtlichen Regelungssystems nicht mehr übereinstimmt. Dieser Grundmodus besagt, daß das Parlament die wesentlichen Entscheidungen im Staat treffen soll und muß. Hier aber ist es umgekehrt: Das Parlament beschränkt sich – freilich notgedrungen – auf allgemeine Formulierungen, genau betrachtet auf eine Verweisung, auf eine Blankettnorm, die anderweitig ausgefüllt wird. Es legt damit den Sicherheits- und Schutzstandard nicht selbst fest. Das verfassungsrechtliche Grundmuster scheint auf dem Kopf zu stehen: Die wesentlichen technischen Regelungen stehen in Verwaltungsvorschriften und privaten technischen Regelwerken, die den Stand der Technik repräsentieren. Im parlamentarischen Gesetz findet man bei Lichte betrachtet nur eine Leerstelle, eben ein Blankett.

Ist damit also die inhaltliche Festlegung von Sicherheits- und Schutzanforderungen schon in eine staatlich-gesellschaftliche Grauzone geraten, so wird diese Verlagerung durch eine weitere Aushilfsstrategie noch weit konsequenter fortgeführt, indem die Erfüllung der Sicherheits- und Schutzaufgaben als solche vom Staat den Privatunternehmen sozusagen aufgedrängt wird. Der Staat trifft dann selbst keine Regelungen mehr, sondern er veranlaßt die mit der Technologie befaßten Unternehmen und Institutionen, selbst in hinreichendem Maße entsprechende Sicherheits- und Schutzanforderungen zu erfüllen und zu gewährleisten. Diese Verlagerungsstrategie läuft unter verschiedenen Bezeichnungen wie freiwillige Selbstverpflichtung, Selbstregulierung oder Konsenslösung.[47] Mit diesen Strategien wird das Feld rechtlicher Verbindlichkeit und Zurechenbarkeit weitestgehend verlassen. An die Stelle klarer Gebote und Verbote treten *gentlemen agreements*, deren Einhaltung nicht vor Gericht eingeklagt werden kann, die ihrerseits auch nicht rechtlichen, sondern politischen und wirtschaftlichen Sanktionen unterworfen sind. Die dem Recht

[46] Vgl. *Ossenbühl* (Fußnote 44), § 65 Rn. 8 ff.

[47] Vgl. *Matthias Schmidt-Preuß/Udo Di Fabio*, Verwaltung und Verwaltungsrecht zwischen gesellschaftlicher Selbstregulierung und staatlicher Steuerung, VVDStRL 56 (1997), 160 ff.

zugehörige Verantwortungs- und Haftungszuweisung wird weithin aufgelöst. Man bewegt sich in rechtsfreien Räumen, ohne echte rechtliche Verpflichtungen, aber auch ohne Rechte. Das Ganze wird zusammengehalten und funktionsfähig durch Drohungen und Versprechen, durch in Aussicht gestellte Vorteile und Nachteile, durch politischen Druck und Druck der Öffentlichkeit. Funktionsfähigkeit und Akzeptanz gedeihen in diesem rechtlichen Halbdunkel oftmals besser als in der klaren und lichten Luft des staatlichen Ordnungsrechts. Deshalb ist es auch nicht verwunderlich, daß gerade im Umweltrecht als dem klassischen Anwendungsfeld des technischen Sicherheitsrechts der Abschied vom klassischen Ordnungsrecht, welches durch Verbote und Gebote gekennzeichnet ist, stattfindet zugunsten kooperativer, informaler und konsentierter Lösungen.

Überblickt man also das Ganze, so zeigt sich im Bereich der Technik eine deutliche Verlagerung der Regelungen von der Gesetzesebene auf untergesetzliche Stufen und in außergesetzliche und gesellschaftliche Bereiche. Doch dies bedeutet nicht, daß der Gesetzgeber völlig funktionslos geworden wäre. Einige grundsätzliche Fragen verbleiben bei ihm, weil sie gesetzlich regelungsfähig und außerdem teilweise von einem solchen Gewicht sind, daß eine Weiterübertragung dieser Fragen auf andere Instanzen ausscheidet. Auf die insoweit bestehen bleibenden Regelungsprobleme und die rechtlichen Antworten sei ein kurzer Blick geworfen.[48]

Regelungsthema ist im Zusammenhang mit der Verwirklichung von Technologien nicht nur, aber vorrangig der Schutz vor Gefahren und Risiken.

Insoweit orientieren sich die rechtlichen Regelungen an der Begriffstrias: Gefahr, Risiko, Restrisiko.[49] Vertraut ist für den Juristen der Begriff der

[48] Vgl. zum Problem *Fritz Ossenbühl*, Die Bewertung technischer Risiken in der Rechtsetzung, DÖV 1982, 833 ff.; *Rudolf Steinberg*, Der ökologische Verfassungsstaat, 1998, S. 201 ff.; *BVerfGE* 49, 89 (138 f.); Das BVerfG betont im Kalkar-Beschluß für die Kerntechnologie sehr stark den Gedanken der „Dynamisierung des Rechtsgüterschutzes" und erhebt deshalb gegen eine weitgehende Verlagerung der technischen Regelungen auf die Exekutive keine verfassungsrechtlichen Bedenken. Danach genügt die Regelung des Atomgesetzes, nach welcher der Gesetzgeber „jede Art von anlage- und betriebsspezifischen Schäden, Gefahren und Risiken in Bedacht genommen wissen will" und „die Wahrscheinlichkeit des Eintritts eines Schadensereignisses ... so gering wie möglich sein muß" (*BVerfGE* 49, 89 (138)). „Hingegen war der Gesetzgeber nicht gehalten, die möglichen Risikoarten, Risikofaktoren, die Verfahren zu ihrer Ermittlung oder feste Toleranzwerte zu bestimmen" (a.a.O. S. 139); hiergegen kritisch *Steinberg* a.a.O., S. 205 ff., der für detailliertere gesetzliche Vorgaben eintritt (Schutzziele, Vorgaben der Organisation der Umweltverwaltung, verpflichtende Ermächtigung an die Exekutive zum Erlaß untergesetzlicher Standards, Zusammensetzung von Sachverständigengremien, Erfolgskontrolle und Nachbesserung).

[49] Vgl. *Rüdiger Breuer*, Anlagensicherheit und Störfälle – Vergleichende Risikobewertung im Atom- und Immissionsschutzrecht, NVwZ 1990, 211; *Hans Georg Dederer*, Gentechnikrecht im Wettbewerb der Systeme, 1998, S. 72 ff.; *Arno Scherzberg*, Risiko als Rechtsproblem, Verw-

Gefahr. Es handelt sich hierbei um eine polizeirechtliche Kategorie, die seit weit mehr als hundert Jahren in der verwaltungsgerichtlichen Rechtsprechung erhärtet und erprobt worden ist und eine feste begriffliche Gestalt gewonnen hat. Gefahr ist danach jeder Zustand, der nach Erfahrungssätzen mit Wahrscheinlichkeit zum Eintritt eines Schadens führt. Gefahr ist also das Produkt aus dem Grad der Eintrittswahrscheinlichkeit und dem Schadensumfang.

Der Begriff des Risikos hingegen wird in der Gesetzessprache nicht verwendet, beherrscht aber die Literatur und Rechtsprechung zum technischen Sicherheitsrecht. Von einem Risiko spricht die herrschende Lehre dann, wenn sich die Eintrittswahrscheinlichkeit des Schadens zur bloßen Möglichkeit verflüchtigt.[50] Ich muß allerdings hinzufügen, daß dieser Risikobegriff nicht unumstritten ist und sich insbesondere nicht mit der Begriffssprache der Naturwissenschaften und der Soziologie deckt.[51] Übereinstimmung besteht jedoch darin, daß das Risiko im Vorfeld der Gefahr angesiedelt ist. Gefahrenabwehr einerseits und Risikovorsorge andererseits umfassen Schutzmaßnahmen, die die Eingriffsschwelle für staatliche Anordnungen unterschiedlich placieren. Mit der Risikovorsorge wird die Eingriffsschwelle erheblich vorgelagert, und zwar in ein Feld, in dem Erfahrungswissen nicht mehr zur Verfügung steht. Gefahren können hier nur noch als hypothetische Gefahren ins Kalkül gezogen werden. Die Gefahr ist eine durch Erfahrungswissen gestützte feste Größe. Das Risiko ist in seiner Abschätzung abhängig von dem Stand der naturwissenschaftlich-technischen Entwicklung und deshalb eine dynamische Größe, die sich mit dem Fortschreiten der Erkenntnisse verändern kann. Dabei ist nur an *technische* Risiken gedacht, nicht an Mißbräuche, die mit der Technik betrieben werden können. Auch im technischen Bereich ist das größte Risiko der Mensch. Soll der Gesetzgeber wegen dieses Risikos Technologien ganz verbieten? Insoweit wird verfahren wie schon in vorindustrieller Zeit: Der Gesetzgeber verbietet nicht das Messer, sondern den Mord.[52]

Das *Restrisiko* ist dadurch gekennzeichnet, daß es jenseits der Grenzen des menschlichen Erkenntnisvermögens liegt. Verfassungsrechtlich verlangt werden kann nur, daß *solche* Schadensereignisse ausgeschlossen werden, die nach „praktischer Vernunft“ vorstellbar sind. Absolute Sicherheit ist nicht erreichbar und kann deshalb auch nicht gefordert werden. Das Bundesverfassungs-

Arch. 84 (1993), S. 484 ff.; *Wolfgang Köck*, Risikovorsorge als Staatsaufgabe, AöR 121 (1996), S. 1ff. (16 ff.).

50 *Di Fabio* (Fußnote 7), S. 105; Bundesministerium für Umwelt, Naturschutz und Reaktorsicherheit (Hrsg.), Umweltgesetzbuch (UGB-KomE), 1998, S. 109 (§ 2 Nr. 5), S. 144.

51 *Di Fabio* (Fußnote 7), S. 52 ff.

52 Vgl. *Murswiek* (Fußnote 5), S. 226; *Berg*, Vom Wettlauf zwischen Recht und Technik, JZ 1985, S. 401 (405).

gericht formuliert so: „Ungewißheiten jenseits dieser Schwelle der praktischen Vernunft haben ihre Ursache in den Grenzen des menschlichen Erkenntnisvermögens; sie sind unentrinnbar und insofern als sozialadäquate Lasten von allen Bürgern zu tragen.“[53]

Der parlamentarische Gesetzgeber muß zumindest entscheiden, bis zu welcher Risikogrenze eine Technologie zulässig sein soll. Bei der Kerntechnologie hat er bisher entschieden, daß alle Risiken bis zur Grenze des Restrisikos auszuschließen sind. Er ist aber nicht gehindert, die Risikogrenze zu verschieben, also auch das Restrisiko einzubeziehen und die Kerntechnologie ganz zu verbieten, solange ein Restrisiko besteht.[54] Der Ausstieg aus dieser Technologie ist allerdings nicht ad hoc, sondern nur unter Beachtung der Grundrechte und des Vertrauensschutzes möglich.[55]

Läßt eine Technologie ein solches Restrisiko nicht erkennen, so ist auch ein entsprechendes gesetzliches Verbot unzulässig. Dies wird beispielsweise für die Gentechnik behauptet: Hier sei die Risikoforschung so weit gediehen, daß der Gentechnik kein technikspezifisches Risiko mehr inhärent sei.[56] Auch ein anwendungsspezifisches Restrisiko wird also in der Atomtechnik und in der Gentechnik durchaus unterschiedlich gesehen. Aus dieser Differenz wird die Folgerung gezogen, daß ein Ausstieg aus der Gentechnik oder auch nur ein Moratorium im Gegensatz zur Atomtechnik verfassungsrechtlich unzulässig wäre.[57] Dementsprechend sind die Risikoschwellen in der Atomtechnik und in der Gentechnik unterschiedlich definiert. Im Atomrecht ist Vorsorge gegen *alle* vorstellbaren Schadensereignisse zu treffen. In der Gentechnik sind nur „unvertretbare schädliche Einwirkungen“ zu vermeiden.[58]

Die regelmäßig vorgeschriebene Risikoforschung kann für die Beurteilung des Risikos neue Erkenntnisse hervorbringen, die dann durch eine neue Risikobewertung in geltendes Recht umgesetzt werden müssen. Hier scheiden sich Technik und Politik bzw. Recht. Risikoforschung ist ein technischer Vorgang nach technischen Regeln, Risikobewertung ist eine politische Abwägung resp. Entscheidung.

Entsprechend der Dynamik der Risikoforschung besteht ein dynamischer Grundrechtsschutz, der Technikentwicklung und Grundrechtsschutz syn-

[53] *BVerfGE* 49, 89 (143).

[54] Vgl. *BVerfGE* 49, 89 (127); 53, 30 (56); *Murswiek* (Fußnote 6), S. 284.

[55] Vgl. *Ossenbühl*, Verfassungsrechtliche Fragen eines Ausstiegs aus der friedlichen Nutzung der Kernenergie. AöR 124 (1999), S. 1 ff.

[56] Vgl. *Dederer* (Fußnote 49), S. 89.

[57] *Herdegen*, Risiken für die Umwelt und Gesundheit im Spannungsfeld nationaler und internationaler Regulierungsphilosophien, Kolloquium Salzwedel, S. 5 (Manuskript).

[58] Vgl. *Dederer* (Fußnote 49), S. 91 f.

chronisiert. Der Gesetzgeber ist deshalb auch verfassungsrechtlich verpflichtet, seine Entscheidungen entsprechend den neueren technischen Erkenntnissen unter Umständen nachzubessern.

Insoweit ist der Gesetzgeber durch das Bundesverfassungsgericht kontrollierbar. Da aber die Risikobewertung von vielen ungesicherten, jedenfalls nicht klar bestimmbaren Umständen abhängt, steht dem Gesetzgeber eine erhebliche Einschätzungsprärogative zu, die die verfassungsgerichtliche Kontrolle seiner Entscheidungen auf die Evidenzschwelle zurückführt.[59] Sie gibt ihm Entscheidungsfreiheit in dem Raum ambivalenter Grundrechtsforderungen, die vom Gesetzgeber sowohl den Schutz individueller Freiheit als auch den Schutz vor Gefahren von Leben und Gesundheit verlangen.[60]

V. Technische Entwicklung und Verfassungssystem

In einem letzten Abschnitt meiner Überlegungen möchte ich mich der Frage zuwenden, ob die Herausforderungen und Veränderungen, die mit dem naturwissenschaftlich-technischen Zeitalter einhergehen, die verfassungsrechtlichen Grundlagen unseres politischen Systems im Kern berühren. Anders gesprochen: Lassen sich die durch die technische Entwicklung entstandenen neuen staatlichen Aufgaben und die in diesem Zusammenhang zu treffenden Entscheidungen mit den grundgesetzlichen Instrumenten, Mechanismen und Strukturen noch angemessen bewältigen oder stellt sich die Systemfrage? Reicht das verfassungsrechtliche Potential des Grundgesetzes aus, um wie bisher die Verwirklichung des Gemeinwohls in der technisch veränderten Welt zu gewährleisten?

Die Frage der Einwirkung der technischen Realisation auf das politische System ist erwartungsgemäß ein bevorzugter Gegenstand der Soziologie. *Schelsky* hat in dem eingangs erwähnten Vortrag vor der Arbeitsgemeinschaft über das Thema „Der Mensch in der wissenschaftlichen Zivilisation“ 1961 die These aufgestellt, daß die wissenschaftliche Zivilisation ein „neues Grundverhältnis von Mensch zu Mensch“ schaffen wird, in welchem „an die Stelle der politischen Normen und Gesetze Sachgesetzlichkeiten der wissenschaftlich-technischen Zivilisation treten, die nicht als politische Entscheidungen setzbar

[59] Vgl. *Dederer* (Fußnote 49), S. 116 f.; zum Spielraum der Freiheit des Gesetzgebers bei der Zulassung und Bekämpfung von Gefahren: *Murswiek* (Fußnote 6), S. 280 ff.

[60] Aus der Doppelbedeutung der Grundrechte mit gegenläufigen Schutzrichtungen können sich bei Verdachtslagen für den Gesetzgeber schwerwiegende Problemlagen ergeben, weil „eine Seite“ immer ein Schutzdefizit bemängeln wird; vgl. *Ossenbühl/Di Fabio*, Rechtliche Kontrolle ortsfester Mobilfunkanlagen, 1995, S. 59 ff.

und als Gesinnungs- und Weltanschauungsnormen nicht verstehbar sind".[61] Und es heißt dann weiter: „Damit verliert auch die Idee der Demokratie sozusagen ihre klassische Substanz: An die Stelle eines politischen Volkswillens tritt die Sachgesetzlichkeit, die der Mensch als Wissenschaft und Arbeit selbst produziert. Dieser Tatbestand verändert die Grundlagen unserer staatlichen Herrschaft überhaupt." Der herkömmlichen Vertragstheorie des Staates wird eine „Modelltheorie" des „technischen Staates" gegenübergestellt. „Der ‚technische Staat' entzieht, ohne antidemokratisch zu sein, der Demokratie ihre Substanz".[62] Der Staat im Sinne traditioneller Herrschaft stirbt ab.

Forsthoff beginnt seine Analyse „Der Staat der Industriegesellschaft" mit einer Einleitung, die die Überschrift trägt „Erinnerung an den Staat". Im Text wird festgestellt, daß sich die „überkommenen Vorstellungen der Demokratie" nicht mehr ohne weiteres an den „Staat der modernen Industriegesellschaft" herantragen ließen.[63] Andere zeichnen die Vision eines Umweltstaates, für den ökodiktatoriale Züge prägend sein sollen.[64]

Mir geht es nicht darum, die vorgetragenen Modelle, Visionen und Untergangsszenarien sowie in ferner Zukunft vielleicht zu erwartende Technostrukturen, die an die Stelle der rechtsstaatlich-demokratischen Staatsverfassung einmal treten könnten, weiter auszumalen und fortzuspinnen. Aus juristischer Sicht ist die Fragestellung gegenwartsnäher, praktischer, aber auch begrenzter. Es geht ganz konkret darum, ob unser politisches Entscheidungssystem, so wie es im Grundgesetz seinen Ausdruck gefunden hat, noch ausreicht, um die Staatsaufgaben im naturwissenschaftlich-technischen Zeitalter sachangemessen zu bewältigen, oder ob ein Systemumbau notwendig ist. Das Ausreichen des verfassungsrechtlichen Systems wäre selbstredend auch dann gewährleistet, wenn sich neue Anforderungen durch systemimmanente Modifikationen noch auffangen lassen.

Auf die Frage „Wird die technische Entwicklung zur Systemfrage?" möchte ich die Antwort vorweggeben und sagen: Vielleicht irgendwann, aber nicht schon jetzt.

Die Existenzbedrohung der Nationalstaaten und ihrer Verfassungssysteme wird in viel größerem Maße durch die technische und ökonomische Globalisierung, d. h. durch die Entgrenzung heraufgeführt als durch die Veränderung der Lebensverhältnisse, die die Technik in jedem Gemeinwesen mit sich bringt. Stellt man die Grundfrage nach dem Schicksal des politischen Systems, so kann

[61] *Schelsky* (Fußnote 1), S. 21 f.
[62] Wie vorige Fußnote S. 24 ff., 29.
[63] Wie Fußnote 2, S. 26.
[64] Vgl. die Darstellung bei *Steinberg* (Fußnote 9), S. 376 ff.

der Blick nicht nur auf den verengten Rahmen des Nationalstaates gerichtet werden. Auch die naturwissenschaftlich-technische Entwicklung ist in die Globalisierungstendenz einbezogen. Technische Auswirkungen auf die Umwelt können nur noch in engen Grenzen nationalstaatlich bewältigt werden. Die technischen Entwicklungen erfordern in den wichtigen Fragen über- und internationale Lösungen. Doch dies ist ein anderes Thema. Ich beschränke mich in Kenntnis all dieser Interdependenzen auf die introvertierte Sicht des Grundgesetzes und frage, ob die Mechanismen und Strukturen unserer Verfassung sich in Gefahr oder schon in der Auflösung befinden, nicht wegen der Globalisierung, sondern wegen der spezifischen Herausforderungen, die die naturwissenschaftlich-technische Entwicklung mit sich gebracht hat. Und diese Frage soll wiederum konzentriert sein auf die Aufgabe der Gesetzgebung.

Resümiert man nochmal die Ursachen, die die Not des Gesetzgebers im wissenschaftlich-technischen Zeitalter begründen, so sind drei Punkte hervorzuheben:

Erstens der geschilderte Wettlauf zwischen Recht und Technik, der eigentlich keiner ist, weil die Technik dem Recht stürmisch davonläuft, das Recht hoffnungslos hinterherhinkt und sich im wesentlichen auf Schadensfolgenbegrenzung beschränken muß.

Zweitens die aufgekommenen Zweifel an der Steuerungsfähigkeit des Rechts, die unmittelbar mit dem genannten ersten Punkt zusammenhängen. Diese Zweifel wirken sich auf das herkömmliche Verständnis des Gesetzesbegriffs und seine Prozeduren aus.

Drittens ein Gesichtspunkt, der bisher noch nicht erwähnt wurde, nämlich der Fundamentaldissens in der Technologiepolitik. Er betrifft jene Technologien, deren Realisierung mit unter Umständen schweren Gefahren und irreversiblen Folgen verbunden ist, die existentielle Rechtsgüter des einzelnen betreffen können und aus diesem Grunde einer breiten Akzeptanz bedürfen.

Auf diese und früher herausgestellte Befunde mit dem Urteil zu reagieren, das überkommene Recht sei antiquiert,[65] ist ein unpassendes Pauschalurteil. Recht, auch Verfassungsrecht, besteht stets in der Zeit und auf Zeit: Selbst die ewige Dauer von verfassungsrechtlichen Ewigkeitsgarantien ist nicht gewährleistet. Recht war nie eine nur statische Größe. Dynamik wohnt auch dem Recht inne, wenn auch freilich keineswegs in der Weise wie der Technik. Die Fortentwicklung des Rechts ist Aufgabe nicht nur des Gesetzgebers, sondern kraft ausdrücklicher gesetzlicher Vorschriften auch der höchsten Gerichte.

[65] So *Rainer Wolf*, Zur Antiquiertheit des Rechts in der Risikogesellschaft, Leviathan 1987, S. 357ff.

Wenn also neue Herausforderungen und Aufgaben entstehen, für die das überkommene Recht nicht voll gerüstet ist, bedarf es der Fortentwicklung. Auf der Ebene des Verfassungsrechts geschieht die Fortentwicklung entweder durch Verfassungstextänderung mit Zwei-Drittel-Mehrheiten beider gesetzgebender Körperschaften oder im Wege der Interpretation resp. des stillen Verfassungswandels, der sich freilich im Rahmen der verfassungsrechtlichen Toleranzen halten muß.

Die Reaktionen des Verfassungsänderungsgesetzgebers auf die technischen Entwicklungen sind sehr sporadisch und punktuell. Mit der Verfassungsreform von 1994 ist Art. 20a neu in das Grundgesetz eingefügt worden. Danach schützt der Staat auch in Verantwortung für die künftigen Generationen die natürlichen Lebensgrundlagen. Eine Folge der technischen Entwicklung ist dann noch beispielsweise die Neufassung des Art. 13 GG betreffend die Zulässigkeit von Eingriffen in die Unverletzlichkeit der Wohnung durch technische Mittel und die Privatisierung der Telekommunikation, die vormals unter dem Titel Fernmeldewesen als staatliche Aufgabe monopolisiert war. Es geht also um heterogene Einzelfälle. Eine grundsätzliche Besinnung über den Zusammenhang zwischen Technik einerseits und politischem System andererseits hat in den bisherigen Verfassungsreformen keinen Niederschlag gefunden. Das Entscheidungssystem des Grundgesetzes ist niemals grundsätzlich in Frage gestellt worden, jedenfalls nicht vom Verfassungsänderungsgesetzgeber. Notwendige Anpassungen und Änderungen haben vielmehr auf dem Wege des stillen Verfassungswandels stattgefunden.

Die Indolenz des Verfassungsgebers gegenüber der technischen Entwicklung hat ihre Ursache offenbar darin, daß insoweit schlüssige Konzepte für eine Neuorientierung des Systems fehlen. Auch die Fähigkeit, zu *wirksamen* Regelungen zu kommen, ist begrenzt. Und dann ist es besser, auf Regelungen ganz zu verzichten. Aus diesem Grunde war und ist der neu eingefügte Art. 20a GG umstritten. Wie soll der Staat die „Verantwortung für die künftigen Generationen" wahrnehmen? Der Staat ist ja nicht eine über den Menschen stehende handlungsfähige Wesenheit, sondern er handelt wiederum durch Menschen der jeweils lebenden Generation. Die Zukunft aber ist, wie *Hans Jonas* in seinem Buch „Das Prinzip der Verantwortung" mit Recht bemerkt, in keinem Gremium der lebenden Generation vertreten; „sie ist keine Kraft, die ihr Gewicht in die Waagschale werfen kann."[66] Die juristischen Kommentatoren haben freilich dem Art. 20a GG schon einen materiellen Gehalt zugewiesen, und als Interpretationsregel wird er auch seine Wirkung tun. Aber wie

[66] *Hans Jonas*, Das Prinzip Verantwortung, 1979, S. 55.

er auf der Ebene der Gesetzgebung, die durch das Faktum der „Herrschaft auf Zeit" geprägt wird, zu realisieren ist, steht dahin. Die insoweit geäußerten „Zweifel an der Zulänglichkeit repräsentativer Regierung, nach ihren normalen Grundsätzen und mit normalen Verfahren den neuen Anforderungen gerecht zu werden",[67] sind deshalb berechtigt. Die „Verantwortung" des Art. 20a GG kann nicht nur ein rechtlicher Begriff sein, sondern muß auch als eine ethische Kategorie verstanden werden.

Im Ganzen ist also das grundgesetzliche Entscheidungssystem von Verfassungsänderungen, die die technische Entwicklung betreffen, unberührt geblieben. Denkbare Neuorientierungen, insbesondere im Verhältnis zwischen Gesetz und Rechtsverordnung, sind zwar in den zurückliegenden Verfassungsreformen nicht völlig übergangen, sondern diskutiert worden, haben aber nicht zu Änderungen des Systems geführt, obgleich sich eine solche Notwendigkeit spätestens bei der Verfassungsreform im Jahre 1994 bereits aufdrängen mußte. Doch zu diesem Zeitpunkt hatte sich die Adaption des grundgesetzlichen Entscheidungssystems an die Erfordernisse der technischen Entwicklung bereits im Wege der Staatspraxis vollzogen, ohne daß der Widerspruch dieser Staatspraxis zu grundlegenden Dogmen des Verfassungsrechts theoretisch oder höchstrichterlich grundlegend beanstandet worden wäre.[68]

In wenigen Sätzen geht es bei diesem Anpassungsprozeß, der den Wortlaut des Grundgesetzes völlig unberührt gelassen hat, im wesentlichen um folgende Punkte:

Erstens um die schon recht früh sich durchsetzende Erkenntnis, daß der Gesetzesbegriff des Grundgesetzes eine formale Kategorie darstellt, die keinen materialen Inhalt aufweist. „Gesetz" ist also nicht nur das für die großen Kodifikationen des 19. Jahrhunderts geltende Rechtsgesetz, in welchem sich rechtliches Erfahrungs- und Traditionsgut niederschlägt, welches in einer in den Grundlagen statischen Umwelt auch für die fernere Zukunft eine dauerhafte Ordnung aufrichten soll. Wie schon früher erwähnt ist das Gesetz im Sozial- und Industriestaat auch politisches Steuerungsinstrument. Sein Inhalt müssen deshalb nicht auf Dauerhaftigkeit berechnete Normen sein; es können auch kurzfristige Anordnungen, ja sogar konkrete Einzelentscheidungen sein, wie

[67] Wie vorige Fußnote; zum Problem *Hasso Hofmann*, Rechtsfragen der atomaren Entsorgung, 1981, S. 258 ff.; *Paul Henseler*, Verfassungsrechtliche Aspekte zukunftsbelastender Parlamentsentscheidungen, AöR 108 (1983), S. 489 ff.; *Christian Lawrence*, Grundrechtsschutz, technischer Wandel und Generationenverantwortung, 1989; *Peter Badura*, Langzeitrisiko und Verfassung, UTR 43 (1998), S. 43 ff.; *Tremmel/Laukemann/Lux*, Die Verankerung von Generationengerechtigkeit im Grundgesetz – Vorschlag für einen erneuerten Art. 20a GG, ZRP 1999, 432 ff.

[68] Vgl. *BVerfGE* 49, 89 (Kalkar).

beispielsweise der Bau der „Südumfahrung Stendal" der Eisenbahnstrecke Berlin-Oebisfelde.[69]

Zweitens haben wir, ohne daß sich dies in der Theorie schon niedergeschlagen hätte, deutlich und unübersehbar Abschied genommen von der Verordnungsphobie, die die deutsche Staatsrechtslehre zumindest in den ersten dreißig bis vierzig Jahren der Geltung des Grundgesetzes beherrscht hat. Normsetzung durch die Regierung mit dem Instrument der Verordnung galt viele Jahrzehnte im Prinzip als Sünde wider den Geist des demokratischen Rechtsstaates. Diese eingefleischte und sich erst in jüngerer Zeit lockernde Auffassung hatte ihre Ursache in wirklichen oder vermeintlichen Erfahrungen deutscher Verfassungsentwicklung seit Weimar. Die Rechtsverordnung mußte im Zaume gehalten werden. Dies war sozusagen unumstößliches Dogma deutscher Staatsrechtslehre. Das parlamentsbeschlossene Gesetz mußte wieder voll zur Geltung gebracht werden.

Daß andere demokratische Verfassungsordnungen, allen voran Frankreich, ihre Verfassung genau umgekehrt konstruiert haben, wurde nicht zur Kenntnis genommen, zumal die Verfassungsvergleichung erst wieder im Zusammenhang mit der Integration Europas aktiviert worden ist. Inzwischen hat sich die Normsetzung vom parlamentsbeschlossenen Gesetz auf die Ebene der Regierungsverordnung und darunter liegende Normsetzungsebenen verschoben. Diese Verschiebung hält sich aufs Ganze gesehen noch innerhalb des Toleranzrahmens der Verfassung, wenngleich völlig neue Entscheidungsmechanismen entstehen, die in der Verfassung nicht vorgesehen sind, Kombinationen von Parlaments- und Regierungsentscheidungen, beinahe „Parlamentsverordnungen", wie sie beispielsweise im Kreislaufwirtschafts- und Abfallgesetz vorgesehen sind. Dieser Weg wird fortgesetzt werden. Verfassungstheoretisch muß die deutsche Staatsrechtslehre Abschied nehmen von einer unrealistischen Überbetonung des Prinzips der demokratischen Legitimation, welches sie fast monopolisierend im Parlament verankert hat. Stärker zu betonen ist der Umstand, daß das Parlament jederzeit die Möglichkeit hat, Regelungen der Exekutive wieder an sich zu ziehen und zu verändern, wenn dies für notwendig erachtet wird. Damit steht im Hintergrund auch der exekutiven Rechtsetzung immer das Zugriffsrecht des Parlamentes, dessen Nichtausübung exekutive Rechtsetzung gleichsam legitimiert.

Ganz verkehrt wäre es, dies sei abschließend bemerkt, wegen dieser Verlagerung erneut die bekannten Töne der Parlamentarismuskritik anzustim-

[69] *BVerfGE* 95, 1; *Fritz Ossenbühl*, Der Gesetzgeber als Exekutive, in: Festschrift für Werner Hoppe, im Erscheinen begriffen.

men. Daß die neueren technischen Entwicklungen für ihre Beurteilung einen besonderen Sachverstand verlangen, ist an sich nichts Neues. Einen solchen Sachverstand brauchen auch andere Gesetze, etwa Steuergesetze oder Rentengesetze. Auch sie werden nur von einem kleinen Teil der Abgeordneten voll erfaßt. Insoweit befinden sich die Abgeordneten bei der Gesetzgebung in keiner anderen Lage als Fakultätsmitglieder bei der Entscheidung über die Habilitation. Auch hier sind Fachkompetenz und Entscheidungsbefugnis der Fakultätsmitglieder oft weit auseinander. Auf die Funktionsfähigkeit des Entscheidungsgremiums und die Funktonsgerechtigkeit der Entscheidungen muß dies keinen Einfluß haben.

Die mit der technischen Entwicklung einhergehende Verlagerung der Normsetzung nach „unten" kann bei Lichte betrachtet sogar einen günstigen Nebeneffekt haben, nämlich den, daß sich das Parlament auf seine eigentliche Aufgabe, dem Gemeinwesen die Richtung zu geben und nur die großen Linien der Rechtsordnung zu ziehen, besinnt und stärker konzentriert. Die spätestens seit dem Kalkar-Beschluß auch vom Bundesverfassungsgericht[70] abgesegnete evolutionäre Fortentwicklung der staatlichen Entscheidungsmechanismen kann also auch ihre guten Seiten haben. Jedenfalls besteht kein Grund zur Kapitulation des Rechts vor der Technik. Immerhin hat die Technik bewirkt, daß die Normsetzung sich im demokratischen Staat zunehmend zu einem Kondominium von Parlament und Exekutive entwickelt hat.[71]

[70] *BVerfGE* 49, 89; hiergegen kritisch *Steinberg* (wie Fußnote 48).

[71] Vgl. *Grawert* (Fußnote 2), S. 490; *Ekkehard Wienholtz*, Verfassung und Technologie, DÖV 1985, 136ff.

Veröffentlichungen der Nordrhein-Westfälischen Akademie der Wissenschaften

Neuerscheinungen 1987 bis 2000

Vorträge G Heft Nr.		GEISTESWISSENSCHAFTEN
286	*Andreas Hillgruber, Köln*	Alliierte Pläne für eine „Neutralisierung" Deutschlands 1945–1955
287	*Otto Pöggeler, Bochum*	Preußische Kulturpolitik im Spiegel von Hegels Ästhetik
288	*Bernhard Großfeld, Münster*	Einige Grundfragen des Internationalen Unternehmensrechts
289	*Reinhold Merkelbach, Köln*	Nikaia in der römischen Kaiserzeit
290	*Werner Besch, Bonn*	Die Entstehung der deutschen Schriftsprache
291	*Heinz Gollwitzer, Münster*	Internationale des Schwertes. Transnationale Beziehungen im Zeitalter der „vaterländischen" Streitkräfte
292	*Bernhard Kötting, Münster*	Die Bewertung der Wiederverheiratung (der zweiten Ehe) in der Antike und in der Frühen Kirche
293	*5. Akademie-Forum*	Technik und Industrie in Kunst und Literatur
	Volker Neuhaus, Köln	Vorwurf Industrie
	Klaus Wolfgang Niemöller, Köln	Industrie, Technik und Elektronik in ihrer Bedeutung für die Musik des 20. Jahrhunderts
	Hans Schadewaldt, Düsseldorf	Technik und Heilkunst
294	*Paul Mikat, Düsseldorf*	Die Polygamiefrage in der frühen Neuzeit
295	*Georg Kauffmann, Münster*	Die Macht des Bildes – Über die Ursachen der Bilderflut in der modernen Welt. Jahresfeier am 27. Mai 1987
296	*Herbert Wiedemann, Köln*	Organverantwortung und Gesellschafterklagen in der Aktiengesellschaft
297	*Rainer Lengeler, Bonn*	Shakespeares Sonette in deutscher Übersetzung: Stefan George und Paul Celan
298	*Heinz Hürten, Eichstätt*	Der Kapp-Putsch als Wende. Über Rahmenbedingungen der Weimarer Republik seit dem Frühjahr 1920
299	*Dietrich Gerhardt, Hamburg*	Die Zeit und das Wertproblem, dargestellt an den Übertragungen V. A. Žukovskijs
300	*Bernhard Großfeld, Münster*	Unsere Sprache: Die Sicht des Juristen
301	*Otto Pöggeler, Bochum*	Philosophie und Nationalsozialismus – am Beispiel Heideggers Jahresfeier am 31. Mai 1989
302	*Friedrich Ohly, Münster*	Metaphern für die Sündenstufen und die Gegenwirkungen der Gnade
303	*Harald Weinrich, München*	Kleine Literaturgeschichte der Heiterkeit
304	*Albrecht Dihle, Heidelberg*	Philosophie als Lebenskunst
305	*Rüdiger Schott, Münster*	Afrikanische Erzählungen als religionsethnologische Quellen, dargestellt am Beispiel von Erzählungen der Bulsa in Nordghana
306	*Hans Rothe, Bonn*	Anton Tschechov oder Die Entartung der Kunst
307	*Arthur Th. Hatto, London*	Eine allgemeine Theorie der Heldenepik
308	*Rudolf Morsey, Speyer*	Die Deutschlandpolitik Adenauers. Alte Thesen und neue Fakten
309	*Joachim Bumke, Köln*	Geschichte der mittelalterlichen Literatur als Aufgabe
310	*Werner Sundermann, Berlin*	Der Sermon von der Seele. Ein Literaturwerk des östlichen Manichäismus
311	*Bruno Schüller, Münster*	Überlegungen zum ‚Gewissen'
312	*Karl Dietrich Bracher, Bonn*	Betrachtungen zum Problem der Macht
313	*Klaus Stern, Köln*	Die Wiederherstellung der deutschen Einheit – Retrospektive und Perspektive Jahresfeier am 28. Mai 1991
314	*Rainer Lengeler, Bonn*	Shakespeares *Much Ado About Nothing* als Komödie
315	*Jean-Marie Valentin, Paris*	Französischer „Roman comique" und deutscher Schelmenroman
316	*Nikolaus Himmelmann, Bonn*	Archäologische Forschungen im Akademischen Kunstmuseum der Universität Bonn: Die griechisch-ägyptischen Beziehungen
317	*Walther Heissig, Bonn*	Oralität und Schriftlichkeit mongolischer Spielmanns-Dichtung
318	*Anthony R. Birley, Düsseldorf*	Locus virtutibus patefactus? Zum Beförderungssystem in der Hohen Kaiserzeit

319	*Günther Jakobs, Bonn*	Das Schuldprinzip
320	*Gherardo Gnoli, Rom*	Iran als religiöser Begriff im Mazdaismus
321	*Claus Vogel, Bonn*	Mīramīrāsutas Asālatiprakāśa – Ein synonymisches Wörterbuch des Sanskrit aus der Mitte des 17. Jahrhunderts
322	*Klaus Hildebrand, Bonn*	Die britische Europapolitik zwischen imperialem Mandat und innerer Reform 1856–1876
323	*Paul Mikat, Düsseldorf*	Die Inzestverbote des Dritten Konzils von Orléans (538). Ein Beitrag zur Geschichte des Fränkischen Eherechts
324	*Hans Joachim Hirsch, Köln*	Die Frage der Straffähigkeit von Personenverbänden
325	*Bernhard Großfeld, Münster*	Europäisches Wirtschaftsrecht und Europäische Integration
326	*Nikolaus Himmelmann, Bonn*	Antike zwischen Kommerz und Wissenschaft
		Jahresfeier am 8. Mai 1993
327	*Slavomír Wollman, Prag*	Die Literaturen in der österreichischen Monarchie im 19. Jahrhundert in ihrer Sonderentwicklung
328	*Rainer Lengeler, Bonn*	Literaturgeschichte in Nöten. Überlegungen zur Geschichte der englischen Literatur des 20. Jahrhunderts
329	*Annemarie Schimmel, Bonn*	Das Thema des Weges und der Reise im Islam
330	*Martin Honecker, Bonn*	Die Barmer Theologische Erklärung und ihre Wirkungsgeschichte
331	*Siegmar von Schnurbein, Frankfurt/Main*	Vom Einfluß Roms auf die Germanen
332	*Otto Pöggeler, Bochum*	Ein Ende der Geschichte? Von Hegel zu Fukuyama
333	*Niklas Luhmann, Bielefeld*	Die Realität der Massenmedien
334	*Josef Isensee, Bonn*	Das Volk als Grund der Verfassung
335	*Paul Mikat, Düsseldorf*	Die Judengesetzgebung der fränkisch-merowingischen Konzilien
336	*Bernhard Großfeld, Münster*	Bildhaftes Rechtsdenken. Recht als bejahte Ordnung
337	*Herbert Schambeck, Linz*	Das österreichische Regierungssystem. Ein Verfassungsvergleich
338	*Hans-Joachim Klimkeit, Bonn*	Manichäische Kunst an der Seidenstraße
339	*Ernst Dassmann, Bonn*	Frühchristliche Prophetenexegese
340	*Nikolaus Himmelmann, Bonn*	Sperlonga. Die homerischen Gruppen und ihre Bildquellen
341	*Claus Vogel, Bonn*	Zum Aufbau altindischer Sanskritwörterbücher der vorklassischen Zeit
342	*Hans Joachim Hirsch, Köln*	Rechtsstaatliches Strafrecht und staatlich gesteuertes Unrecht
343	*Hans-Peter Schwarz, Bonn*	Der Ort der Bundesrepublik Deutschland in der deutschen Geschichte
344	*Günther Jakobs, Bonn*	Die strafrechtliche Zurechnung von Tun und Unterlassen
345	*Paul Mikat, Düsseldorf*	Caesarius von Arles und die Juden
346	*Gustav A. Lehmann, Göttingen*	Oligarchische Herrschaft im klassischen Athen
347	*Ludwig Siep, Münster*	Zwei Formen der Ethik
348	*Rüdiger Schott, Münster*	Orakel und Opferkulte bei Völkern der westafrikanischen Savanne
349	*Nikolaus Himmelmann, Bonn*	Tieropfer in der griechischen Kunst
350	*Klaus Stern, Köln*	Verfassungsgerichtsbarkeit und Gesetzgeber
351	*José Vitorino de Pina Martins, Lissabon*	Erasme à l'origine de l'Humanisme en Allemagne
352	*Rudolf Schieffer, München*	Der geschichtliche Ort der ottonisch-salischen Reichskirchenpolitik
353	*Wolfgang Kluxen, Bonn*	Perspektiven der Wirtschaftsethik
354	*Otto Pöggeler, Bochum*	Lyrik als Sprache unserer Zeit? Paul Celans Gedichtbände
355	*Georg Petzl, Köln*	Die Beichtinschriften im römischen Kleinasien und der Fromme und Gerechte Gott
356	*Bernhard Großfeld, Münster*	Recht als Leidensordnung
357	*Nikolaus Himmelmann, Bonn*	Attische Grabreliefs
358	*Konrad Repgen, Bonn*	Der Westfälische Friede: Ereignis, Fest und Erinnerung
359	*Johannes Kunisch, Köln*	Loudons Nachruhm
360	*Claus Vogel, Bonn*	Die Anfänge des westlichen Studiums der altindischen Lexikographie
361	*Josef Isensee, Bonn*	Vom Stil der Verfassung
362	*Hans Rothe, Bonn*	Was ist „altrussische Literatur"?
363	*Herbert Schambeck, Linz*	Politische und rechtliche Entwicklungstendenzen der europäischen Integration
364	*Bernhard König, Köln*	Transformation und Deformation: Vergils *Aeneis* als Vorbild spanischer und italienischer Ritterdichtung
365	*Ursula Peters, Köln*	Text und Kontext: Die Mittelalter-Philologie zwischen Gesellschaftsgeschichte und Kulturanthropologie
366	*Klaus Tipke, Wentorf*	Besteuerungsmoral und Steuermoral

ABHANDLUNGEN

Band Nr.		
72	*(Sammelband)*	Studien zur Ethnogenese
	Wilhelm E. Mühlmann	Ethnogonie und Ethnogenese
	Walther Heissig	Ethnische Gruppenbildung in Zentralasien im Licht mündlicher und schriftlicher Überlieferung
	Karl J. Narr	Kulturelle Vereinheitlichung und sprachliche Zersplitterung: Ein Beispiel aus dem Südwesten der Vereinigten Staaten
	Harald von Petrikovits	Fragen der Ethnogenese aus der Sicht der römischen Archäologie
	Jürgen Untermann	Ursprache und historische Realität. Der Beitrag der Indogermanistik zu Fragen der Ethnogenese
	Ernst Risch	Die Ausbildung des Griechischen im 2. Jahrtausend v. Chr.
	Werner Conze	Ethnogenese und Nationsbildung – Ostmitteleuropa als Beispiel
75	*Herbert Lepper, Aachen*	Die Einheit der Wissenschaften: Der gescheiterte Versuch der Gründung einer „Rheinisch-Westfälischen Akademie der Wissenschaften“ in den Jahren 1907 bis 1910
77	*Elmar Edel, Bonn*	Die ägyptisch-hethitische Korrespondenz (2 Bände)
78	*(Sammelband)*	Studien zur Ethnogenese, Band 2
	Rüdiger Schott	Die Ethnogenese von Völkern in Afrika
	Siegfried Herrmann	Israels Frühgeschichte im Spannungsfeld neuer Hypothesen
	Jaroslav Šašel	Der Ostalpenbereich zwischen 550 und 650 n. Chr.
	András Róna-Tas	Ethnogenese und Staatsgründung. Die türkische Komponente bei der Ethnogenese des Ungartums
	Register zu den Bänden 1 (Abh 72) und 2 (Abh 78)	
80	*Friedrich Scholz, Münster*	Die Literaturen des Baltikums. Ihre Entstehung und Entwicklung
83	*Karin Metzler, Frank Simon, Bochum*	Ariana et Athanasiana. Studien zur Überlieferung und zu philologischen Problemen der Werke des Athanasius von Alexandrien
84	*Siegfried Reiter/Rudolf Kassel, Köln*	Friedrich August Wolf. Ein Leben in Briefen. Ergänzungsband, I: Die Texte; II: Die Erläuterungen
85	*Walther Heissig, Bonn*	Heldenmärchen versus Heldenepos? Strukturelle Fragen zur Entwicklung altaischer Heldenmärchen
86	*Hans Rothe, Bonn*	*Die Schlucht.* Ivan Gontscharov und der „Realismus“ nach Turgenev und vor Dostojevski (1849–1869)
88	*Peter Zieme, Berlin*	Religion und Gesellschaft im Uigurischen Königreich von Qočo
89	*Karl H. Menges, Wien*	Drei Schamanengesänge der Ewenki-Tungusen Nord-Sibiriens
90	*Christel Butterweck, Halle*	Athanasius von Alexandrien: Bibliographie
91	*T. Čertorickaja, Moskau*	Vorläufiger Katalog Kirchenslavischer Homilien des beweglichen Jahreszyklus
92	*Walter Mettmann, Münster (Hrsg.)*	Alfonso de Valladolid, *Mostrador de Justicia*
93	*Werner H. Hauss, Münster* *Robert W. Wissler, Chicago* *Hans-Joachim Bauch, Münster (Eds.)*	Seventh Münster International Arteriosclerosis Symposium: New Pathogenic Aspects of Arteriosclerosis Emphasizing Transplantation Atheroarteritis
94	*Helga Giersiepen, Bonn* *Raymund Kottje, Bonn (Hrsg.)*	Inschriften bis 1300. Probleme und Aufgaben ihrer Erforschung
95	*Walther Heissig, Bonn (Hrsg.)*	Formen und Funktion mündlicher Tradition
97	*Rudolf Schieffer, München (Hrsg.)*	Schriftkultur und Reichsverwaltung unter den Karolingern
98/99/ 105	*Hans Rothe, Bonn* *E. M. Vereščagin, Moskau (Hrsg.)*	Gottesdienstmenäum für den Monat Dezember, Teil 1/Teil 2/Teil 3
100	*Oleg V. Tvorogov (Hrsg.)*	Johannes Chrysostomos im altrussischen und südslavischen Schrifttum des 11.–16. Jahrhunderts
101	*Walter Mettmann, Münster (Hrsg.)*	Alfonso de Valladolid, *Tĕšuvot la-Mĕharef*
102	*Walther Heissig/Rüdiger Schott (Hrsg.)*	Die heutige Bedeutung oraler Traditionen
103	*Geng Shimin, Hans-Joachim Klimkeit, Jens Peter Laut (Hrsg.)*	Eine buddhistische Apokalypse: Die Höllenkapitel und die Schlußkapitel der Hami-Handschrift der alttürkischen *Maitrisimit*
104	*Hans Rothe, Bonn (Hrsg.)*	Das Dubrovskij-Menäum

www.ingramcontent.com/pod-product-compliance
Lightning Source LLC
LaVergne TN
LVHW082053051026
849532LV00011B/3583
* 9 7 8 3 5 3 1 0 7 3 6 7 5 *